성공을위한
독서 키워드
속독법

박인수 지음

 성안당

Foreign Copyright:
Joonwon Lee
Address: 10, Simhaksan-ro, Seopae-dong, Paju-si, Kyunggi-do,
          Korea
Telephone: 82-2-3142-4151
E-mail: jwlee@cyber.co.kr

성공을 위한 독서 키워드

속독법

2009. 5. 21. 1판 1쇄 발행
2019. 6. 3. 1판 9쇄 발행

지은이 | 박인수
펴낸이 | 이종춘
펴낸곳 | BM (주)도서출판 성안당
주소 | 04032 서울시 마포구 양화로 127 첨단빌딩 3층(출판기획 R&D 센터)
      | 10881 경기도 파주시 문발로 112 출판문화정보산업단지(제작 및 물류)
전화 | 02) 3142-0036
     | 031) 950-6300
팩스 | 031) 955-0510
등록 | 1973. 2. 1. 제406-2005-000046호
출판사 홈페이지 | **www.cyber.co.kr**
ISBN | 978-89-315-8811-8 (13010)
정가 | **16,000원**

이 책을 만든 사람들
책임 | 최옥현
진행 | 최동진
본문 · 표지 디자인 | D_box
홍보 | 김계향, 정가현
국제부 | 이선민, 조혜란, 김혜숙
마케팅 | 구본철, 차정욱, 나진호, 이동후, 강호묵
제작 | 김유석

■ 도서 A/S 안내

성안당에서 발행하는 모든 도서는 저자와 출판사, 그리고 독자가 함께 만들어 나갑니다.
좋은 책을 펴내기 위해 많은 노력을 기울이고 있습니다. 혹시라도 내용상의 오류나 오탈자 등이
발견되면 **"좋은 책은 나라의 보배"**로서 우리 모두가 함께 만들어 간다는 마음으로 연락주시기
바랍니다. 수정 보완하여 더 나은 책이 되도록 최선을 다하겠습니다.
성안당은 늘 독자 여러분들의 소중한 의견을 기다리고 있습니다. 좋은 의견을 보내주시는 분께는
성안당 쇼핑몰의 포인트(3,000포인트)를 적립해 드립니다.

잘못 만들어진 책이나 부록 등이 파손된 경우에는 교환해 드립니다.

성공 을 위한
독서 키워드
속독법

머리말

현대는 지식정보화 사회입니다. 지식과 정보에 뒤떨어진 사람은 생존할 수 없다는 것이
지식정보화 사회의 법칙입니다. 지식과 정보를 흡수하는 과정은 다양한 형태를 보이고
있지만, 대다수의 사람들은 독서를 통해 자신의 경쟁력을 높여가고 있습니다.

바쁘게 진행되는 일상 속에서 독서능력이 낮다는 것은 지식과 정보를 내 것으로 만드는
과정이 늦다는 것을 의미하며, 결과적으로는 지식과 정보경쟁에서 뒤처지게 될 수도 있
다는 것을 의미합니다. 지식과 정보를 빠르게 흡수하기 위한 속독능력이 반드시 필요한
사회이며, 속독의 중요성은 나날이 높아지고 있습니다.

속독은 어려운 것이 아닙니다. '나도 속독을 할 수 있을까!' 라는 근심어린 생각을 가지고
있는 사람들, 특정한 능력을 가진 사람들의 전유물처럼 생각하는 사람들이 많은데 절대
그렇지 않습니다. 잠재되어 있던 능력을 일깨워 주고, 잘못된 독서습관을 바로 잡아 주
면 누구나 가능한 능력이 속독법인 것입니다.

속독을 하기 위해서는 반드시 독서방법에 대한 이해와 잠재되어 있는 능력을 일깨워 주
는 훈련이 같이 진행되어야 합니다. 이 책은 독서방법이나 이론을 통해 독서능력 발전을
향상시키는 교재가 아닙니다. 자신의 잠재능력 개발 훈련과, 실전 훈련 그리고 프로그램
훈련(READING PLUS)을 통해 개발하고 발전시켜, 속독을 처음 접하는 사람도 쉽고 빠
르게 5배 ~ 10배 이상의 독서능력 발전을 이룰 수 있도록 구성되어 있습니다.

'성공을 위한 독서 키워드 속독법' 의 훈련을 시작하는 여러분 모두를 환영하며, 한 달 후
에는 여러분이 목표한 모든 능력의 발전을 이루기를 바랍니다.

박 인수

T h a n k s   t o

힘과 용기 그리고 격려와 성원을 보내주신 엄창섭 원장님, 박귀연 실장님. 동화의 구상과 흐름을 잡아주신 김혜윤 선생님, 자료준비와 데
이터 분석을 도와준 오혜경 선생님. 그리고 무엇보다도 소중한 선미와 소윤, 소율이에게 감사의 마음을 전합니다.

속독법,
이런 분들에게 추천합니다.

1 | 중·고등학생

'똑똑한 사람이 한 번 보는 것보다, 머리는 똑똑하지 못하지만 여러 번 보는 학생이 성적이 더 좋다' 라는 말이 있습니다. 독서능력이 지금보다 5배 이상 향상된다면 다른 사람이 한 번 읽는 동안에 5번을 읽을 수 있게 되는 것이며, 같은 시간을 공부해도 5배 이상의 능력을 가지고 효율적이고 질 높은 공부를 할 수 있게 되는 것입니다.

논술과 구술시험에서 역시 좋은 점수를 받기 위해서는 독서를 통한 다양한 배경 지식이 갖추어져야 합니다. 하지만 현실은 독서시간이 부족하지요. 한 권의 책을 읽는데 한 시간이 걸리던 학생이 속독을 통한 독서방법의 변화로 인해 10분에 읽을 수 있게 된다면 그 학생은 남은 시간을 훨씬 효율적으로 사용할 수 있게 될 것입니다. 한 시간은 계획된 시간이지만 10분은 자투리 시간이니까요.

모의고사나 수능시험의 언어영역도 마찬가지입니다. 지금까지 공부한 내용을 바탕으로 종합적인 사고능력이 발휘되어야 하는 수능시험에서 문제풀이 시간이 부족하다는 것은 결과적으로 좋지 못한 상황이 발생할 수 있다는 이야기와 같습니다. 내 자신이 목표한 대학과 꿈을 이루고 싶다면, 속독은 반드시 필요한 능력인 것입니다.

2 | 고시와 각종 시험 준비생

지식경쟁 사회 속에서 성공하기 위해 또는 생존하기 위해 많은 사람들은 각종 시험을 준비하고 있습니다. 시험의 대부분은 정해진 기간에 누가 얼마만큼 공부를 더 많이 했는가에 따라 합격의 여부가 결정되게 됩니다. 공부를 하기 위해서 꼭 필요한 능력은 독서능력입니다. 독서능력이 남들보다 10배 빠르다면, 남들이 10페이지 공부할 때 100페이지 공부할 수 있습니다. 정해진 기간의 공부에서 속독능력은 당신의 비밀병기가 될 것입니다.

3 | 직장인

수많은 기업들이 독서를 장려하는 활동을 하고 있으며, 각종 시험을 통해 사원들의 능력을 판별하고, 그 판별결과에 따라 거취문제를 결정하고 있는 것이 현실입니다. 이러한 상황에서 새로운 지식과 정보수집 능력이 부족하다면 경쟁 속에서 뒤처질 수밖에 없겠지요. 속독능력이 바탕이 된다면 업무처리속도를 높일 수 있을 뿐만 아니라, 개인적인 지식함양에도 훨씬 능력적인 모습을 보일 수 있게 될 것입니다. 자신이 누려보고 싶고, 성공하고 싶다는 생각이 있다면 무엇보다 가장 먼저 갖춰야 할 능력은 속독입니다.

속독 능력이 필요해

1. 정보와 지식을 빠르게 내 것으로 만들고자 하는 학생 및 성인
2. 기억력, 이해력이 부족하다고 생각하는 사람
3. 한정된 시간에 더 많은 책을 읽고 싶은 사람
4. 다양한 책을 빨리 읽고 배경 지식을 쌓고자 하는 사람
5. 지문 읽는 시간이 부족해 언어영역 문제 해결능력이 부족한 수험생
6. 자투리 시간에 책 한 권 읽을 수 있는 능력이 필요한 사람

이렇게 달라져요

1. 정신 집중력과 지구력이 향상됩니다.
2. 좌 · 우뇌를 활용하는 전뇌 학습이 시작됩니다.
3. 기억의 바탕은 이해력입니다. 이해가 잘 되면 기억력이 높아집니다.
4. 글의 주제, 핵심내용, 중요단어를 쉽게 파악 · 요약정리 할 수 있습니다.
5. 자투리 시간에도 책 한 권을 읽고 이해할 수 있습니다.
6. 경쟁자들보다 같은 시간에 더 많은 공부를 할 수 있습니다.
7. 지식정보화 사회의 경쟁에서 앞설 수 있으며, 성공할 수 있습니다.
8. 지문이 길어서 힘들었던 언어영역, 이젠 문제없습니다.

READING
PLUS

현장 교육을 통해 개발된 속독전문훈련 프로그램과 같이 훈련하세요. 속독을 하기 위해서는 자신이 가지고 있는 두뇌능력, 시점이동능력, 시지각능력, 시야확대능력 등을 다양한 훈련을 통해 개발하는 과정이 진행되어야 합니다.

속독이라는 타이틀로 판매되는 많은 책들을 살펴보면, 속독법 훈련보다는 독서방법에 대한 설명이 대부분입니다. 물론 정확한 독서방법을 알고 자신이 잘못된 부분을 수정하는 과정을 거치게 되면 어느 정도 독서 속도는 향상될 수 있지만, 속독이라는 능력을 완성하기에는 부족한 점이 많습니다.

요즘에는 학원 강의보다는 인터넷 학습을 통한 속독법 훈련이 많이 진행되고 있지만, 이는 안구능력만을 발달시켜 속독능력을 완성시키려고 한다는 단점이 있습니다. 또 매일 일정별로 훈련이 진행되지만, 훈련 방법에 대한 설명이 턱없이 부족하기 때문에 훈련에 임하는데 있어서 많은 어려움이 따르고 있습니다.

이번에 개발된 'READING PLUS'는 기호로만 진행되던 속독법 교재와, 교재도 없이 진행되는 인터넷 속독법의 문제점들을 최대한 보완하고 발전시켰습니다. 또 어렵고 힘들 수도 있는 속독 훈련을 다양한 이미지 모션을 통해 짧은 시간에 효과적으로 독서능력을 끌어올릴 수 있도록 재미있게 구성했습니다.

1 | READING PLUS의 특징

1 속독에 필요한 안구의 잠재능력을 빠르게 활성화 시킨다

속독의 가장 기본적인 훈련은 짧은 시간에 많은 활자를 빠르게 인지하는 것입니다. 이러한 능력이 완성되기 위해서는 과정에 따라 다양한 훈련이 진행되어야 합니다. 책을 통해 훈련방법을 정확히 숙지하고, 프로그램 훈련을 통해 바른 안구의 잠재능력이 활성화 될 것입니다.

2 프로그램을 통한 시각적 실전훈련

교재를 통한 훈련 방법의 숙지와 프로그램의 실전 훈련, 그리고 다시 교재를 통한 훈련을 반복함으로써 기존의 수동적인 형태의 속독 훈련보다 쉽고 빠르게 속독능력을 이룰 수 있습니다.

3 쉽고 재미있기 때문에 바로 훈련효과를 느낄 수 있다

한 달 정도의 시간을 투자하면 현재 본인의 독서능력보다 10배 이상으로 키울 수 있습니다.

4 어렵게 생각되던 속독훈련이 너무 쉽다

어렵고 힘들게만 느껴지던 속독 훈련이 프로그램을 통한 정확한 훈련으로 쉽고 재밌게 진행할 수 있습니다.

5 시작과 동시에 효과적인 독서가 진행된다

훈련 시작과 동시에 안구의 이동능력과 활자를 인지하는 능력에 변화가 느껴지기 시작할 것입니다.

2 | READING PLUS 프로그램

수동적 형태의 속독 훈련과는 달리 집중력, 안구능력, 두뇌개발 훈련을 통해 속독능력을 빠르고 쉽게 완성할 수 있도록 제작되었습니다.

교재의 훈련 방법에 대한 설명과 프로그램의 실전 훈련을 통해 능력향상을 빠르게 이룰 수 있으며, 프로그램 훈련 후 다시 책의 훈련을 반복해 자신의 능력으로 완성해나갈 수 있도록 구성되었습니다.

1 | 화면의 구성

'보기 좋은 떡이 맛도 좋다' 라는 말이 있듯이 매일 진행되어야 하는 프로그램이기 때문에 멋지게 만들려고 최선의 노력을 다했으며, 훈련 내용에 있어서도 여러분들의 잠재능력을 쉽게 끌어 올릴 수 있도록 제작되었습니다.

1 | 인트로 화면

잡지형식의 표지를 클릭하면 표지가 넘어가게 되며 '호흡/명상 훈련', '시점이동 훈련', '시야확대 훈련', 기호인지 훈련', '문장적응 훈련' 이 시작되는 페이지입니다.

2 | 명상/호흡 훈련

총 7단계의 구성으로 이루어진 프로그램이기 때문에, 7개의 명상/호흡 훈련 프로그램이 제작되었습니다. 명상 훈련이라고 하면 따분하고 지루하게 생각될 수 있기 때문에 동영상과 자연의 소리들을 삽입하여 명상과 호흡을 통한 집중상태가 될 수 있도록 제작·구성되었습니다.

3 | 시점이동 훈련

독서를 진행할 때 우리의 눈은 좌에서 우로 줄을 따라 활자를 인지하며 일정시간 동안 머문 후 다음 활자를 응시하기를 반복합니다.

의식적으로 빨리 읽기 위해서 시점을 이동하는 것이 아니라, 무의식 상태에서 자연스럽게 활자를 빠르게 인지하기 위한 시점이동 훈련이 필요합니다.

1단계부터 3단계의 훈련은 시점이동속도를 높이기 위한 훈련이며, 4단계의 훈련은 이동하는 기호 속의 단어를 인지해야 하며, 인지된 단어를 조합하여 하나의 문장을 만들어가는 훈련입니다. 5단계부터 7단계의 훈련은 시점이동 훈련과 시폭확대 훈련이 같이 진행되며, 시폭이 지속적으로 유지된 상태에서 기호와 활자를 인지할 수 있도록 구성되어 있습니다.

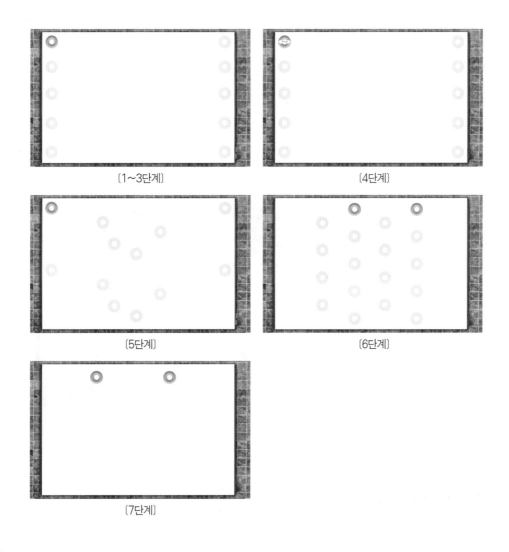

〔1~3단계〕 〔4단계〕

〔5단계〕 〔6단계〕

〔7단계〕

4 │ 시야확대 훈련

음절만을 읽는 독서를 진행한다면 시야확대 훈련은 필요 없겠지만, 속독을 하기 위해서는 빠른 시간에 많은 활자를 인지해야 합니다. 많은 활자를 인지하기 위해서는 한 글자만을 인지하는 능력보다는 문장이나 줄, 단락을 한 번에 인지할 수 있는 넓은 시야가 필요합니다.

이 훈련은 160~170도 정도를 가지고 있는 여러분의 주변시야를 독서에 활용되기 위한 훈련이며, 이러한 훈련을 통해 여러분은 초점시야와 주변시야를 활용하는 효과적인 독서를 진행하게 될 것입니다.

1단계부터 3단계의 훈련은 중심점을 인지한 상태에서 점점 커지는 원과 사각을 통해 주변시야를 활성화시키는 훈련이며, 4단계의 훈련은 좌·우측의 안구에 각기 중심점을 두어 시폭을 최대한 확대시키는 훈련입니다. 5단계부터 7단계의 훈련은 시지각 훈련으로 구성되어 있습니다.

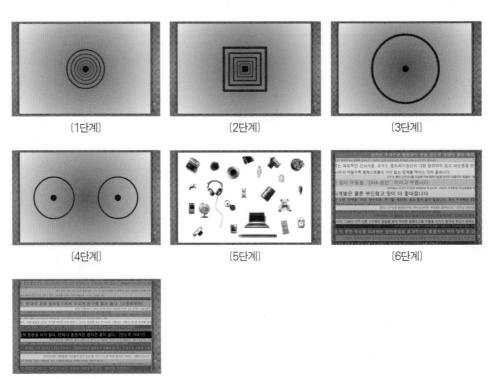

[1단계]　　　　　　　[2단계]　　　　　　　[3단계]

[4단계]　　　　　　　[5단계]　　　　　　　[6단계]

[7단계]

5 | 기호인지 훈련

음절단위의 독서형태에서 벗어나 문장 이상을 한 번의 눈으로 인지하고 판독하기 위해서 시점이동 훈련, 시야확대 훈련을 진행했습니다. 그러한 능력발전을 토대로 기호인지 훈련이 진행되며, 기호인지 훈련을 바탕으로 음절단위의 독서에서 벗어나 단어, 문장, 줄 단위, 페이지 단위의 독서능력이 만들어지게 됩니다.

기호인지 훈련은 6칸부터 10줄까지 총 7단계의 구성으로 진행되며, 기호를 인지하는 과정에서 활자를 인지하는 방법을 터득하게 될 것입니다.

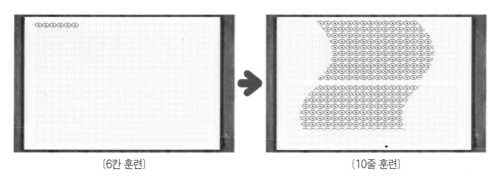

〔6칸 훈련〕　　　　　　　　　　　　　　〔10줄 훈련〕

6 | 문장적응 훈련

시점이동 훈련, 시야확대 훈련, 기호인지 훈련의 성과를 실전 독서훈련에 적용하기 위하여 진행되는 훈련입니다. 책만으로 진행되는 속독법 훈련에서는 활자를 인지하는 안구의 흐름을 전혀 알 수 없어서 어렵고 힘이 들지만, 프로그램으로 구성된 문장적응 훈련은 활자를 인지하는 정확한 안구의 흐름과 속도를 함께 높여 두뇌의 정보처리능력을 향상시킬 수 있습니다.

문장적응 훈련은 6자 훈련부터 10줄의 훈련까지 총 7단계의 구성으로 진행됩니다.

〔6자 훈련〕　　　　　　　　　　　　　　〔10줄 훈련〕

READING PLUS
실행하기

1 | 실행

본 프로그램은 'Macromedia Flash MX '로 제작되었으며, 플래시로 제작된 실행파일의 확장자는 'swf' 파일입니다. 'swf' 파일을 실행하기 위해서는 여러분의 컴퓨터에 '플래시 플레이어'가 설치되어 있어야 프로그램 CD가 자동실행됩니다.

2 | 플래시 플레이어 설치 후 실행

READING PLUS 프로그램은 플래시 플레이어가 설치된 컴퓨터에서 'autorun'을 통해 자동실행 되게 제작되었습니다. CD를 'CD-ROM 드라이브'에 넣고 실행시켰는데 프로그램이 정상적으로 작동하지 않는다면 프로그램을 실행시켜줄 플레이어가 여러분의 컴퓨터에 설치되어 있지 않기 때문입니다.
인터넷 검색을 통해 'Macromedia Flash Player'를 다운 받아 설치하면 위와 같은 문제는 간단히 해결됩니다.

3 | 그래도 실행이 안돼요

Macromedia Flash Player를 설치했는데도 여러분의 컴퓨터 환경에 의해 프로그램이 정상적으로 실행이 되지 않는 경우가 발생될 수 있습니다. 이러한 경우에는 자동실행보다는 경로를 통해 'intero.exe' 파일을 찾아서 실행시키면 됩니다.

플래시 플레이어를 통해 실행하지 않고 기타 여러 가지 프로그램을 통해 실행시켜 본 결과, 여러분 컴퓨터에 하나쯤은 설치되어 있는 곰플레이어(GOM Player)에서 가장 적합한 훈련환경을 지원하고 있습니다.

1 곰플레이어를 실행, F5 를 눌러 환경을 설정합니다.

2 'swf' 파일과 'flv' 파일을 체크합니다.

3 파일 열기를 통해 'E드라이브'를 선택합니다 (CD-ROM 드라이브는 컴퓨터마다 약간 다르게 설정되어 있을 수 있습니다).

4 파일명 'intero'를 선택하여 클릭합니다.

5 실행된 메인 화면, 잡지 바탕을 클릭하면 프로그램이 시작됩니다.

문장적응 훈련 핵심 내용

문장적응 훈련은 자신의 활자 인지능력과 두뇌의 판독능력을 향상시키기 위한 훈련입니다. 여러 번의 반복과정을 통해 안구와 두뇌가 적응할 수 있도록 해야 하는 훈련이기 때문에, 시대상황에 뒤떨어진 내용이나 독서학습과 연관성이 없는 지문 구성보다는 훈련을 진행하면서 자신의 생활을 되돌아 볼 수 있는 내용으로 구성되었습니다.

지문1 | 비버댐

처음 댐은 마을의 안녕과 번영을 위해 공동의 노력으로 지어졌지만 세월이 흘러 비버가 댐을 관리하면서 마을보다는 자신의 이익을 위해 이용하게 됩니다. 이러한 모습에 토끼들도 댐이 공동의 것이라는 생각보다는 개인적 원한으로 댐을 지키지 않아 결국 공멸하게 됩니다. 전체의 이익을 저버리고 개인의 이익만을 추구한다면 결국 전체가 무너져 개인에게 더 큰 피해가 오게 된다는 의미입니다.

지문2 | 검은그림자

모든 일에는 그 원인이 있기 마련입니다. 사람들은 그 원인을 찾는데 먼저 주위를 보는 것에 익숙해져 있습니다. 이 글의 비관씨도 처음 자신에게 찾아온 병이 자신에게 있음을 모르고 원망만을 하지만, 차츰 그 원인이 자신에게 있음을 알게 됩니다. 우리는 어떤 일에 원망을 하기에 앞서 자신을 돌아보며 그 일을 이겨나갈 궁리를 해야 합니다.

지문3 │ 독서왕 소윤이

현대의 아이들이 이리저리 끌려 강요된 교육을 받는 것이 안타깝습니다. 아이들이 스스로 사고하고 체계적인 논리를 세울 수 있도록 해주는 독서가 중요하며, 아이들이 독서를 잘할 수 있도록 아버지들이 나서서 잡아주어야 합니다.

지문4 │ 대장장이 김씨

사람들은 마지막이라는 말에 쉽게 긴장의 끈을 놓아버리거나 대충 마무리하는 경우가 있습니다. 평생을 뛰어난 기술과 어진 행동으로 명성을 얻었다고 하지만 끝까지 최선을 다하지 않는다면 평생을 얻어온 모든 것이 허사가 되어버리거나 도리어 자신에게 화가 될 수 있다는 이야기입니다.

지문5 │ 숲을 지킨 비버

모두가 살기 어려워진 세상에서 아내와의 약속을 지키며 숲에서 살아가는 비버의 모습이 끝내 사람들에게까지 알려져 자신의 가정뿐 아니라 숲이라는 거대한 존재를 지키게 됩니다. 우리는 수없이 많은 약속을 하며 삽니다. 아무리 사소한 약속이라도 철저히 지키며 신뢰를 쌓아간다면 그에 대한 보답은 생각지도 못한 큰 보석이 되어 돌아올 수 있습니다.

지문6 │ 선행

선행을 함에서 마음 한 곳의 기대치마저 포기하기란 쉬운 일이 아닙니다. 자칫하면 그 기대치가 자신이 한 선행의 의미를 흐리게 만들 수 있습니다. 바른 행동은 바른 마음을 가지고 했을 때 진정 빛나는 일이 될 것입니다.

지문7 │ 귀뚜라미 민박집

겉보기 좋은 시설로 사람을 끌어모으는 사마귀의 민박집과, 겉은 보잘것없지만 행동으로 민박집의 참모습을 보여준 귀뚜라미 민박집의 대조를 통해 사람이 자신의 참모습을 드러내는 것은 평소의 행동이기에 우리는 삶의 매 순간을 자신을 PR 하는 기회로 알아야 한다는 내용입니다.

성공을 위한
독 서 키 워 드
속 독 법

목차

About

첫 번째 훈련
DAY 01~03

〔기본안구 훈련〕

네 번째 훈련

DAY
11~13

〔안구 훈련/기호 훈련 2줄〕

★ 다음 14일의 훈련은 교재와 프로그램 훈련보다는 지금까지 훈련했던 내용과 방법을 바탕으로 실전 독서에
적용하는 훈련을 하도록 합니다.

> ★ 다음 21일의 훈련은 교재와 프로그램 훈련보다는 지금까지 훈련했던 내용과 방법을 바탕으로 실전 독서에 적용하는 훈련을 하도록 합니다.

일곱 번째 훈련

DAY 22~24

〔안구 훈련/ 기호 훈련 10줄〕

About

상류사회

어릴 적부터 다독을 통해 배경지식을 많이 쌓아온 사람들은 종합적인 사고능력향상에 의해 지적 호기심이 높아지게 됩니다. 이러한 지적 호기심이 높아짐에 따라, 읽어야 하는 정보는 많은데 시간이 부족하여 속독이라는 능력을 갖고자 하는 사람들이 많습니다.

외국의 경우 속독법은 주로 상류사회에서 많이 사용되어 왔습니다. 미국의 전 대통령인 케네디(John F. Kennedy) 역시 속독법을 이용하여 잠들기 전 침실에서 두 권의 책을 매일 읽었다고 전해집니다. 또한 그가 대통령직을 훌륭하게 수행할 수 있었던 요인 중 하나가 두툼한 보고서가 올라왔을 때 요점만 간단히 간추려 달라고 하지 않고 모든 보고서의 내용을 직접 읽었기 때문이라고 합니다. 케네디 외에도 독일의 히틀러, 프랑스의 나폴레옹 등이 속독법을 활용한 것으로 유명합니다.

우리나라의 인물로는 이이(李珥)가 대표적입니다. 친구 성혼(成渾)과 나눈 대화 중에, 성혼이 "나는 책을 7~8줄 밖에 못 읽는다"고 하자 이이는 "나도 10줄 밖에 못 읽는다"고 대답했다는 일화가 유명합니다.

이렇듯 세상을 바꾼 훌륭한 위인들은 독서를 통하여 지식과 정보를 빠르게 흡수했으며, 많은 독서를 진행하는 과정에서 자연적으로 속독능력을 익히게 되었지만 그 방법과 비법은 전해지지 않고 있습니다.

21세기는 무한경쟁의 시대이기도 합니다. 정보와 지식이 홍수처럼 쏟아지는 현실 속에서 이러한 정보와 지식들을 내 것으로 소화해낼 수 있는 사람이 성공할 가능성은 클 수밖에 없습니다. 정보와 지식을 흡수하는 방법의 대부분은 독서를 통해 이루어지고 있습니다.

능력적인 독서방법 중의 하나인 속독법을 익히게 되면 자투리 시간만 활용해도 책 한 권의 정보와 지식을 내 것으로 만들 수 있습니다. 또한, 많은 지식과 정보를 바탕으로 정확하고 빠른 업무처리로 인해 자신의 경쟁력을 높일 수 있습니다. 외국의 상류사회와 글로벌 리더들이 속독법을 통해 빠르고 정확하게 지식과 정보들을 자신의 것으로 만든 것처럼 속독법은 상류사회와 성공의 길로 이끌어주는 가장 확실한 방법이 될 것입니다.

있는 능력을
개발할 뿐이다

속독이라고 하면 어떤 특정인들에만 있는 특수한 능력이라고 생각하는 사람들이 많습니다. 하지만 누구에게나 속독을 할 수 있는 능력이 있으며, 여러분 스스로도 매일 읽고자 하는 정보의 종류에 따라서 속독을 하고 있습니다.

예를 들어 여러분이 운전을 하는 과정에서 등장하는 이정표, 상가의 간판, 도로 주변에 걸린 현수막 등의 정보들은 대부분 한눈에 파악하고 이해할 수 있을 것입니다. 이러한 정보들은 문장단위인데 반해, 독서를 진행할 때는 음절단위로 진행하기 때문에 빠르게 인지하고 이해할 수 없는 것입니다.

속독이라는 것은 누구나 할 수 있을 뿐만 아니라, 이미 하고 있는 능력입니다. 단지 독서에 적용시키기 위한 훈련이 필요할 뿐입니다. 오랫동안 잘못된 독서습관과 방법을 약간만 바꿔도 음절단위의 독서에서 단어단위 또는 문장단위의 독서로 진행할 수 있습니다. 문장단위의 독서가 진행된 후부터는 자신이 가지고는 있지만 활용되지 않은 집중력, 두뇌능력, 시야확대능력, 시지각능력을 개발하고 발전시키는 과정이 필요하며, 이러한 과정을 통해 단락단위, 페이지단위의 독서로 발전시킬 수 있습니다.

집중력, 두뇌개발, 시점이동능력 시야확대,
시지각능력이 향상되면 누구든지 가능하다.

음절 ▶ 단어 ▶ 문장 ▶ 단락 ▶ 페이지

독서습관만 바꿔도 가능하다.

읽을 책은
내가 선택한다

필자는 아이들에게 자기주도학습을 이끌어주는 교육현장에 있기 때문에, 시험기간이 되면 서점에 자주 가게 됩니다. 서점에 있다 보면 어머니가 아이의 문제집을 구입하는 모습과, 아이와 함께 문제집을 선택하는 어머니의 모습들을 볼 수 있습니다. 과연 아이에게 있어 어떤 문제집의 활용도가 높을까요? 분명 아이가 직접 선택한 문제집일 것입니다.

여러분은 지금 속독이라는 능력을 남들보다 빨리 정보와 지식을 흡수하기 위해서 이 책을 읽고 있는 것이며, 속독능력을 자신의 것으로 만들겠다는 목적이 있는 독서가 진행되고 있습니다. 하지만 속독에는 관심도 없는 사람이 이 책을 선물로 받았다면, 이 책을 읽을 확률은 반도 되지 않을 것입니다. 이렇듯 능동적이고 목적있는 독서가 진행되어야 단순 지식의 차원을 넘어 문제를 가지고 고민하는 독서로 진행되는 것입니다.

독서의 목적과 자기수준을 고려하지 않은 채 신문이나 잡지, 서점의 홍보물 등을 통해 도서를 구입한 사람들 중에는 광고의 내용처럼 유익하고 재미있었다고 생각하는 사람도 있지만, 광고의 내용과 달리 별로 좋지 못했다고 생각하는 사람도 있을 것입니다. 또 친구가 정말 재미있다고 추천한 책인데도 정작 본인이 읽었을 때는 아무 의미가 없는 책일 수도 있습니다. 음식을 좋아하는 취향이 다르듯 도서를 선택하는 방법도 자신의 취향과 수준, 목적에 따라 선택해야 후회없는 독서가 될 것입니다.

1 | 전체적인 면

1 읽어서 이해할 수 있는, 자기 수준과 나이에 맞는 책을 선택합니다.

2 해당 분야의 전문가로써 독자에게 신뢰가 쌓인 필자의 책을 선택합니다.

3 권장도서 목록을 참고하여 선택합니다. 수없이 출간되는 많은 책들 속에서 반드시 읽어야 한다고 생각되는 책들을 소개하거나 제시하는 목록을 참고합니다.

4 진리를 탐구하고 교양을 높일 수 있으며, 취미생활의 질을 높여줄 수 있는 책을 선택합니다.

5 자신이 관심 있는 분야의 책을 선택합니다.

6 학교학습의 배경지식이 될 수 있는 책을 선택합니다.

7 오랫동안 잊혀지지 않고 감동을 줄 수 있는 책을 선택합니다.

2 | 내용적인 면

1 읽고자 하는 책에 대한 사전 정보를 파악합니다

정보를 파악하는 방법은 책의 선전 광고나 독자후기, 리뷰 등도 중요한 자료가 되지만 정확한 평가인지 따져보아야 합니다.

2 책의 제목을 봅니다

제목은 대개 그 책을 대표하거나 상징하는 것이 많습니다. 제목이 도서의 내용과 맞지 않는 것은 피하는 것이 좋습니다.

3 목차(차례)를 살펴봅니다

책의 내용을 가장 잘 파악할 수 있는 방법은 글의 뼈대와 같은 목차를 살펴보는 것입니다. 목차를 살펴보면 글의 내용을 추측할 수 있으며, 자신의 목적과 맞는 부분이 있는지 체크한 후 선택하는 것이 좋습니다.

4 서문(머리말)을 읽어봅니다

서문은 글을 쓴 지은이의 목적과 내용, 글을 쓰게 된 동기, 지은이의 참뜻을 알 수 있습니다.

5 출판사와 발행일자, 발행판수를 봅니다

아동서적을 출판하는 출판사, 전문서적을 출판하는 출판사 등 출판사도 나름대로의 특성이 있습니다. 발행일자를 확인하여 그 책이 오래된 책인지를 확인하고, 발행판수가 많은 것은 그 책이 많은 독자들에게 널리 읽혀지고 있다는 것입니다.

좋은 도서를 구입하기 위해서는 서점에 자주 다니며 자신에게 맞는 도서를 직접 선택하는 것이 좋습니다. 또한 인터넷 서점을 통해 책을 구입할 때는 '미리보기', '독자 리뷰', '구매 후기' 등을 꼼꼼히 살펴본 후 자신의 목적과 맞는 도서를 선택하는 것이 좋습니다.

도서 종류에 따라
읽는 방법을 선택하라

속독의 능력이 완성되었다고 해서 모든 도서를 속독으로만 읽는 것은 좋지 않은 방법입니다. 속독은 많은 정보와 지식을 빠른 시간 안에 내 것으로 만들 수 있다는 장점이 있지만, 효율적인 독서를 위해서는 책 종류에 따라 다른 독서 방법을 이용하는 것이 좋습니다.

1 | 음독

독서를 할 때 입술을 움직여 소리 내어 읽는 방법을 말합니다. 이러한 방법은 속으로 읽는 묵독과는 달리 활자를 음성화하여 읽는 방법이며, 눈과 소리를 통하여 두뇌의 기억효과를 높일 수 있는 방법입니다.

주로 동시집, 구연동화집, 연설문집 같은 종류의 책이나, 시 낭송과 같이 운율감을 살려야 할 필요가 있을 때, 혹은 집에서 공부를 할 때 기억해야 할 내용을 자신에게 설명하듯이 읽을 때 알맞은 방법입니다.

2 | 묵독

눈으로 본 활자를 소리를 내지 않고 마음속으로 읽는 방법으로, 여러분이 독서하는 방법 대부분이 묵독에 속할 것입니다. 음독에 비해 집중과 정확도가 높으며, 발음기관이 사용되지 않기 때문에 읽어가는 속도도 빠르다는 장점이 있습니다. 그러나 속독훈련에 있어서 이러한 묵독 습관은 퇴화시켜야 합니다. 주로 동화나 소설, 전문서적 등 깊이 새겨야 하는 책을 읽는데 효과적인 방법입니다.

3 | 정독

글을 세밀하게 파악하여 차근차근 주의 깊고 정확하게 읽는 방법입니다. 연구나 학술활동, 시험공부를 할 때 단어나 문장의 의미를 파악하고, 주제나 핵심을 정확하게 파악하기에 적당한 방법입니다. 하지만 업무와 학습에 있어서 많은 시간이 필요하기 때문에 속독과 정독을 같이 활용할 수 있는 방법의 독서가 진행되어야 합니다.

4 | 적독

자신이 원하는 지식이나 정보의 중요내용만을 찾아내서 읽는 조사용 독서라고 할 수 있습니다. 국어사전, 백과사전, 컴퓨터 서적, 동식물 도감 등과 같이 필요한 부분만 찾아서 읽는 독서방법입니다.

5 | 통독

하나의 책을 몇 번이고 읽어서 그 책의 내용을 완벽하게 알 수 있도록 빠짐없이 읽는 방법입니다. 성경, 법전, 시험공부를 위한 책을 읽는데 적합한 방법입니다.

6 | 다독

정보를 흡수하고 지식을 넓히기 위해 여러 가지 종류의 책을 많이 읽는 독서 방법입니다. 하지만 무조건 많이 읽어야 한다는 목적 없는 목표량 채우기식의 다독은 책의 내용과 저자의 의도를 제대로 파악하지 못할 수도 있다는 단점이 있습니다.

책에 내비게이션을 달아보자

전혀 가보지 못한 장소나 여행을 떠날 때, 여러분은 약도를 확인하거나 내비게이션 모의주행을 통해 대략의 정보를 확인한 후 출발하게 됩니다. 독서는 저자와 함께 떠나는 여행과도 같습니다. 저자와 함께 떠나는 여행을 재미있고 유익하게 하기 위해서는 책의 구성을 잘 파악하고 내비게이션 모의주행처럼 대략의 정보를 파악하는 과정이 필요합니다.

표지에는 책의 제목이 있습니다. 제목은 그 책을 대표하거나 상징적인 문구를 사용하는 라벨과 같은 것입니다. 표지디자인과 사진은 그 책과 관련된 내용을 함축적이고 강하게 표현하여, 독자들로부터 시선을 끌게 디자인되어 있습니다. 표지디자인에 따라서 책의 판매부수가 달라지는 경우가 많기 때문에 출판사에서는 가장 심혈을 기울이는 부분이기도 합니다. 책의 출판방법에 따라서 띠지가 있는 책도 있습니다. 띠지에는 광고성 문구가 대부분이지만 간혹 저명 인사들의 추천사가 있는 경우도 있기 때문에 중요한 정보가 됩니다. 표지 안쪽에는 저자의 약력이 있는데, 약력을 통해 저자의 글의 특징을 파악할 수 있습니다.

다음 단계로 책의 서문(머리말)을 살펴보아야 합니다. 많은 사람들이 서문을 읽지 않고 넘어가는 경우가 많은데 서문에는 저자가 책을 쓴 동기와 대상층, 책의 짜임과 종류에 대해 직접적으로 이야기 해주는 부분이기 때문에 반드시 주의 깊게 살펴보는 것이 좋습니다.

다음으로 살펴보아야 할 부분은 목차입니다. 목차는 책의 전체적인 내용을 구성하는 뼈대와 같은 역할을 하는 부분입니다. 사실 위인전이나 자서전과 같은 종류의 도서는 목차만 확인해도 책의 전체적인 내용을 짐작할 수 있습니다. 전문서적과 같은 경우는 목차에

각 단원의 핵심어를 제시해 그 단원의 정보를 대략적으로 파악할 수 있게 구성되어 있습니다. 이처럼 목차는 책의 사전정보와 흐름을 추측해낼 수 있는 부분이기 때문에 반드시 살펴보아야 하는 중요한 부분입니다.

다음으로는 본문을 대략적으로 살펴보아야 합니다. 대략적으로 살펴본다는 것은 본문을 읽는 것이 아니라 본문 중에 있는 소제목, 사진, 삽화, 도표 등을 가벼운 마음으로 책장을 넘기면서 살펴보는 것입니다.

이러한 부분을 먼저 살펴보는 이유는 글의 내용을 더욱더 심층적으로 이해할 수 있게 해줄 뿐만 아니라, 고속의 속독을 진행하기 위한 영상화 능력에서 중요한 단서가 되기 때문입니다. 책에 대한 사전정보와 흐름이 추측된 후의 독서는 보다 빠르고 정확하게 정보와 지식을 내 것으로 만들 수 있게 해줄 것입니다.

안구지압법

활자를 빠르게 보기 위한 시점이동 훈련, 활자를 많이 보기 위한 시야확대 훈련 등 다양한 형태의 훈련이 진행되기 때문에, 처음 훈련에 임하시는 분들은 안구가 따갑기도 하고, 아프기도 할 것입니다. 이러한 상황에서는 훈련을 지속하기보다는 '안구지압법'에 의해 안구와 안구주변의 근육을 풀어주고 나서 훈련에 임하도록 합니다.

아래에 제시된 '안구지압법'을 꼭 숙지하여, 적절한 상황에 지속적으로 사용하도록 합니다.

1 │ 천응(天應) : 눈썹에서 2~3mm 내려간 곳

〔**방법**〕 검지손가락을 좌우의 천응에 대고, 누르면서 문지릅니다.

2 │ 정명(睛明) : 눈과 코 사이의 패인 곳

〔**방법**〕 검지손가락을 좌우의 정명에 대고, 누르면서 문지릅니다.

3 | 사백(四白) : 눈에서 2cm 정도 아래

〔방법〕 중지손가락을 좌우의 사백에 대고 원을 그리듯이 누르면서
가볍게 문지릅니다.

4 | 태양(太陽) : 눈꼬리와 눈썹의 중간 높이에 있는 움푹 패인 곳

〔방법〕 중지손가락을 좌우의 태양에 대고 원을 그리듯이 누르면서
가볍게 문지릅니다.

5 | 예풍(翳風) :

귀의 바로 뒤에 조금 튀어나온 뼈의 하단과 귓볼 사이 조금 패인 곳

〔방법〕 좌우 귓볼 하단에 검지를 대고 좌우 동시에 귓볼과 같이
예풍을 가볍게 눌러 문지릅니다.

6 | 합곡(合谷) : 엄지와 검지사이 갈라진 부분에서 손등으로 3~4cm되는 부분

〔방법〕 좌우 합곡을 엄지손가락으로 누르면서 가볍게 문지릅니다.

준비하기

속독 훈련은 같은 도서와 프로그램을 통해 훈련을 진행하더라도 개개인의 결과는 모두 다르게 나타나게 됩니다. 훈련의 출발에서 가장 중요한 것은 마음가짐입니다. 나에게 주어진 한 달의 시간에 속독능력을 꼭 이루겠다는 강한 마음가짐이 중요하며, 이 마음가짐을 바탕으로 꾸준히 반복해서 훈련한다면 여러분이 생각하고 머릿속에 그리고 있는 속독능력은 현실이 되어 있을 것입니다.

1 | 시간을 확보하자

속독능력은 하루 훈련을 했다고 해서 바로 능력이 향상되는 것이 아닙니다. 청소년 시절 매일매일 키가 자라는 사실은 알지 못하지만, 일정기간 후에 키를 재어보면 자신의 키가 자라고 있음을 알게 되지요? 속독 훈련도 이와 마찬가지입니다. 속독은 하루아침에 이루어지는 것이 아닌, 꾸준한 훈련을 통해서 진행되기 때문에 조급한 마음을 갖기보다는 안정된 마음을 갖고 훈련에 임하는 것이 중요합니다.

참고로 여러분들의 훈련 기간은 한 달이 필요하며, 매일 진행되는 훈련 시간은 1시간 30분 정도입니다.

훈련시간					
매일 :	시	분 ~	시	분 까지	

2 | 주변 환경을 정리하자

속독 훈련에서 가장 중요한 것은 바로 '집중' 입니다. 훈련은 평소 자신이 활자를 인지하는 시간보다 짧은 시간에, 더 많은 양의 활자를 인지하며 진행되기 때문에 집중을 기울여야 합니다. 집중하지 못하면 활자를 인지하는 속도는 빠르지만, 그 내용을 이해하지 못하게 되기 때문입니다. 여러분이 집중을 유지한 상태로 최선을 다해 훈련에 임하고 있는 상황에서, 친구나 회사동료에게 휴대전화가 걸려와 통화한 후 훈련에 다시 임한다면 과연 그 훈련이 제대로 이루어질까요? 서재에서 열심히 훈련에 임하고 있는데 거실에서 TV소리, 아이들이 뛰어 노는 소리, 음악소리가 들린다면 훈련의 결과에 만족할 수 있을까요? 반드시 주변 환경을 정리한 후 훈련에 임하도록 합니다.

1 | 소음이 없어야 한다

집중하면서 훈련에 임할 수 있으려면 소음이 없는 조용한 곳이어야 합니다. 집중력이 흩어지면 이해력이 현저히 떨어지게 되면서 같은 문장을 여러 번 반복해서 읽는 경우가 발생하게 됩니다. 이러한 비능률적인 상황이 발생되지 않기 위해서는 미리 가족들에게 조용히 해줄 것을 부탁하거나, 귀마개를 착용한 후 훈련에 임하는 것이 좋습니다.

2 | 적절한 조명을 사용하자

조명의 불빛이 흔들리거나 너무 어두운 환경이라면, 눈은 쉽게 피로해지고 머리가 아파오게 되므로 속독 훈련을 진행하는데 문제가 될 수 있습니다. 그러므로 좋은 조명 속에서 훈련에 임하는 것이 좋습니다.

저녁시간에 훈련에 임할 경우에는 천정 전체조명을 스탠드와 함께 켜서 밝기의 편차를 줄여야 눈의 피로와 시력저하를 예방할 수 있습니다.

나의 독서능력은?

자신의 독서능력이 어느 정도인지를 알고 훈련을 시작하는 것은 매우 중요한 과정입니다. 훈련 전 테스트를 통해 자신의 독서능력을 알고, 각 과정마다 실전테스트를 통해 훈련 성취도를 점검해야 합니다. 과정 훈련 후 실전테스트에서 발전적인 성취도를 보이게 되면, 향후 진행되는 훈련에서 '나도 할 수 있다' 는 자신감이 생겨 더욱더 열정적인 훈련이 진행될 것입니다. 또 좋지 못한 결과가 나오더라도 지난 훈련을 재점검하여 자신이 훈련과정 중 소홀히 했거나 부족한 훈련내용을 보완할 수 있다는 장점이 있습니다.

1 | 독서능력 측정 준비물

1 테스트에 임할 도서를 선정하도록 합니다

테스트에 사용되는 책은 전문서적을 제외하고는 모두 다 가능하지만, 비슷한 페이지와 비슷한 난이도 그리고 편집구성을 따져 보면 전집류가 가장 좋은 테스트 도서라고 할 수 있습니다. 처음 테스트에 사용된 책의 난이도와 비슷한 책이 훈련 성취도를 점검하기 가장 좋기 때문입니다.

2 시간을 측정할 수 있는 도구를 준비합니다

한 권의 책을 읽은 시간을 측정해야 합니다. 시간을 측정할 수 있는 모든 전자기기들은 가능하지만 휴대폰만은 안됩니다. 독서를 진행하던 중 갑자기 전화가 걸려오거나, 문자가 오게 되면 여러분의 집중에 방해가 될 수 있기 때문입니다(스톱워치, 손목시계, 벽시계, 자명종 등).

3 **주변환경을 정리한 후 테스트에 임하도록 합니다**

독서하기 가장 최적의 상태에서 테스트를 진행해야 하며 처음 테스트의 환경과 과정별
로 이루어지는 테스트의 환경이 비슷해야 합니다. 테스트를 진행하기 전에 가족이나 친
구, 동료들에게 테스트의 사실을 알려 집중에 방해 받지 않도록 합니다.

2 | 독서능력 측정 방법

한 권의 책을 읽는 시간만을 가지고는 정확한 내용을 알 수 없습니다. 시간과 도서 내용
을 얼마나 이해하고 있는지에 대해 아래의 두 가지의 방법을 통해 측정하도록 합니다.

1 | 독서시간 측정 방법

[예]

▶ 책의 총 페이지 : 110페이지

▶ 1페이지 당 줄 수 : 20줄(삽화가 없는 부분)

▶ 독서시간 : 50분

[계산방법]

① 책의 총 페이지×1페이지당 줄 수

110×20 = 2,200

② 독서시간×60(초)

50×60 = 3,000

③ (독서시간×60) / (총 페이지×1페이지 줄 수)

3,000 / 2,200 = 1.36

앞의 계산법에 따르면 자신의 독서능력은 1줄을 인지하고 이해하는 시간이 1.36초라는
계산이 나옵니다. 모든 책의 구성이 같을 수는 없지만, 전집류는 다른 도서에 비해 구성
과 페이지가 비슷하기 때문에 비교적 정확한 결과가 측정됩니다.

2 | 내용 파악능력

독서시간만을 가지고는 자신의 독서능력이 어느 정도인지 가늠하기는 힘듭니다. 독서시간도 중요한 부분이지만, 도서의 내용을 얼마나 자신의 것으로 만들면서 읽어나가냐가 중요한 것입니다.

독서 후 전체적인 내용이 이해가 되었는지 얼마나 기억하고 있는지에 대한 테스트를 거쳐야 합니다. 뒷 부분에 제시한 독후양식에 내용을 채워보도록 합니다.

3 | 실전 테스트

주변 환경을 정리한 후 깊은 심호흡을 하도록 합니다. 한 권의 책을 평소에 자신의 독서능력으로 전부 읽도록 합니다. 한번 읽기 시작하면 멈추지 말고 끝까지 읽도록 합니다.

1 | 독서시간 측정 방법

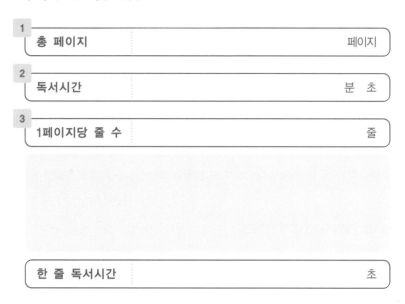

1		
총 페이지		페이지

2		
독서시간		분 초

3		
1페이지당 줄 수		줄

한 줄 독서시간		초

2 | 내용 파악능력

▶ 독서 후 내용을 생각하면서 아래에 제시된 빈 칸을 채워 보세요.

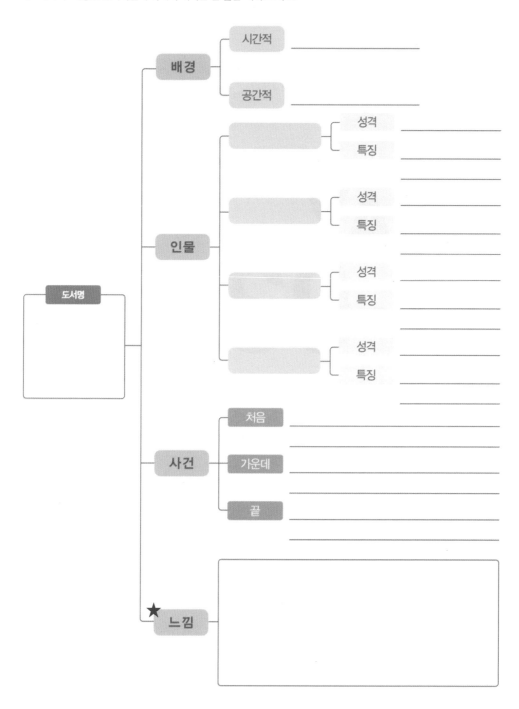

DAY
01~03
첫 번째 훈련

성공을 위한
독서 키워드
・・・
속독법

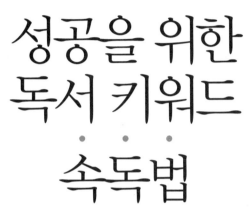

DAY 01~03

기본안구 훈련

지금 이 순간부터 속독이라는 능력을 여러분의 것으로 만들기 위해 훈련에 들어가게 됩니다. 속독학원을 다니거나, 속독을 지도하는 선생님이 일정한 수업목표를 가지고 이끌어 준다면 속독의 효과는 다소 높게 나타날 수 있지만, 지금 여러분은 가정이나 회사에서 교재와 프로그램을 통해 본인 스스로의 목표와 의지를 가지고 훈련에 임해야 하기 때문에 속독훈련의 결과는 개인별로 크게 차이가 날 수 있습니다.

나에게 주어진 한 달의 시간에 속독의 능력을 꼭 이루겠다는 강한 마음가짐이 중요하며, 이 마음가짐을 바탕으로 꾸준한 반복훈련을 한다면 지금 여러분들이 생각하고 머릿속에 그리고 있는 속독능력은 현실이 되어있을 것입니다.

이 책은 DAY 01~03의 훈련 전체가 하루 훈련분량으로, 3일 동안 반복해서 자신의 능력을 향상시키는 커리큘럼으로 제작되어 있습니다. 바쁘다고 해서, 시간이 없다고 해서 오늘은 시점이동 훈련만 하고 내일은 시야확대 훈련을 해야 한다는 생각이 아니라, 명상부터 정독훈련까지의 모든 훈련이 하루의 훈련시간이라고 생각하면 됩니다.

커리큘럼상 3일의 목표로 교재와 프로그램이 구성되어 있지만, 개개인의 차이에 따라 4일 훈련이 될 수도 있고 5일 훈련이 될 수도 있습니다. 자신의 능력발전 여부를 본인 스스로 판단하여 다음 단계 훈련으로 넘어가도록 합니다.

1 | 호흡/명상 훈련

회사나 학교에서 좋지 못한 일이 발생해, 정신이 혼란하고 근심과 걱정이 많은 상태에서의 훈련은 무의미합니다. 그런 혼란스러운 뇌파의 주파수를 8~12Hz로 만들어 심신을 안정시키고, 두뇌활동이 활발하게 하여 집중력, 기억력, 사고력을 향상시킨 후에 훈련에 임해야 합니다.

호흡과 명상을 대수롭지 않게 여겨 훈련에 임하지 않고 진행하는 경우가 많은데, 이러한 경우 좋지 못한 결과를 만들 수 있다는 사실을 명심하고 본격적인 훈련에 임하기 전 매일 꾸준히 진행해야 합니다.

훈련요령

1. 책상 앞 의자에 바른 자세로 앉도록 합니다.
2. 몸을 가볍게 좌·우로 움직여 몸의 중심을 잡아 줍니다.
3. 가슴을 넓게 펴고 두 손을 무릎 위에 올려놓고 눈은 가볍게 명상화면을 바라봅니다.
4. 깊은 호흡으로 실시하되 소리 나는 호흡을 해서는 안됩니다.
5. 마음속으로 '하나' 하면서 천천히 입으로 들이쉽니다.
6. 마음속으로 '둘' 하면서 코로 천천히 내쉽니다.
7. 들여 마신 공기는 뇌를 한 바퀴 돌고, 입으로 나간다는 상상을 하면서 호흡을 진행하도록 합니다.

2 | 시점이동 훈련

속독 훈련에 임하는데 있어서 가장 기본적인 훈련은 안구의 초점을 빠르게 이동하는 것입니다. 초등학교 저학년이나 독서능력이 좋지 못한 아이들의 독서습관을 보면 고개를 도리도리하면서 읽는 모습을 볼 수 있을 것입니다. 이러한 현상은 자신의 독서능력에 안구의 이동능력을 활용하지 않은 경우입니다. 1초에 7자 정도를 인지하는 독서에서 1초에 12자, 25자, 2줄, 4줄, 6줄, 10줄의 글자를 인지하는 독서로 발전하기 위해서는 안구의 초점이 빠르게 이동할 수 있어야 합니다.

시중에 나와 있는 많은 속독 교재들을 보면 '이렇게 하면 독서를 효과적으로 할 수 있다' 또는 '이런 방법과 형식을 취하면 여러분들의 독서능력을 한층 끌어 올릴 수 있다' 고 하지만 가장 기본적인 안구의 초점이동능력이 낮거나, 눈으로 읽을 수 있는 글자의 폭이 좁다면 이러한 원리는 아무 의미가 없습니다.

시점이동 훈련은 활자를 인지할 때 시선의 이동방향을 빠르고 유연하게 할 뿐만 아니라 앞으로 진행되는 기호인지 훈련, 문장적응 훈련, 실전독서 훈련을 진행하기 위한 가장 기본적인 훈련이 되므로 적극적인 자세로 훈련에 임해야 합니다.

훈련
요령

1 책상 앞 의자에 바른 자세로 앉도록 합니다.

2 머리는 움직이지 않고 움직이는 시점에 따라 안구를 정확하게 이동합니다.

3 정신을 이동하는 점의 중앙에 모으도록 하며, 안구에 힘을 주며 훈련에 임하도록 합니다.

4 프로그램을 통한 훈련은 130초 정도이며, 교재를 통한 실전 시점이동 훈련은 3분 정도 진행하도록 합니다.

'눈을 양 옆으로 굴리면 기억력이 향상된다'

영국 맨체스터 메트로폴리탄 대학의 과학자들은 지원자들을 대상으로 조사한 결과 수평으로 눈동자를 움직이는 것이 그렇게 하지 않는 것보다 공부한 단어들을 인식하는데 있어 상당한 도움을 주고 있음을 발견했다.

-뇌와 인지력(Brain and Cognition)-

시점이동 훈련은 모양체근을 제외한 여섯 종류의 안구 근육 단련과 동시에 두뇌를 활성화시켜 주는 훈련이며, 자연시력회복에도 도움을 주는 훈련입니다.

1 | 프로그램 훈련 (파일명 : se1.swf)

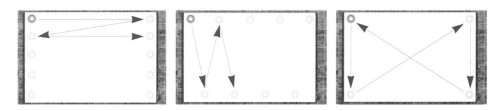

1. 모니터의 크기에 따라 다소 차이는 있을 수 있지만 화면과 50cm 이상은 떨어져서 훈련하도록 합니다.

2. 모니터의 중앙과 30~50cm 떨어진 자신의 코끝의 위치가 동일하도록 합니다.

3. 머리는 움직이지 않고, 움직이는 기호에 따라 자연스럽게 안구를 이동합니다.

4. 기호의 움직임에 따라 빠르고 정확하게 안구를 이동합니다.

5. 훈련 중 눈의 깜빡임을 줄이려고 노력합니다.

6. 훈련이 끝나면 눈을 꼬옥 힘있게 감아줍니다. 눈을 감은 상태에서 안구를 시계방향과 반시계방향으로 회전한 후 눈을 뜨도록 합니다.

2 │ 시점이동 훈련표

프로그램을 통한 훈련의 장점은 안구의 이동방향을 정확히 알 수 있으며, 일정한 속도에 의한 강제성이 있기 때문에 빠르게 목표를 달성할 수 있다는 것입니다. 하지만 활자는 결국 책에 쓰여져 있기 때문에, 프로그램 훈련을 통해 발전된 능력이 독서능력까지 이어지게 하기 위해서는 시점이동 훈련표를 활용해 다시 한 번 훈련에 임해야 합니다.

프로그램의 속도보다 훈련표를 활용한 상태의 속도가 더 빠른 사람도 있을 것이며, 프로그램의 속도보다 속도가 늦는 사람도 있을 것입니다. 훈련의 목표는 프로그램상의 속도만큼 자연스러운 안구흐름에 의한 시점이동능력이 만들어질 수 있도록 하는 것이기에 꾸준히 훈련하는 것이 중요합니다.

1. 집중에 방해될 수 있는 주변 환경을 정리하도록 합니다.

2. 허리를 곧고 바르게 펴도록 합니다.

3. 책의 왼쪽과 오른쪽의 하단 부분을 힘있게 잡도록 합니다.

4. 책과 눈과의 거리는 30~50cm가 좋으며, 목과 어깨의 구부림에 주의하도록 합니다.

5. 책을 펼친 상태에서 30~50cm 떨어진 코끝의 위치는 책의 제본선이며, 좌측과 우측 페이지의 기호를 차례대로 인지하려고 노력합니다.

6. 프로그램과 같은 속도와 정확성을 만들려고 노력하도록 합니다.

시점이동 훈련표(좌 · 우)

:: 책을 바르게 잡고 좌·우측의 기호를 빠른 속도로 인지하도록 합니다.
:: 훈련시간은 1분입니다.

:: 책을 바르게 잡고 상 · 하의 기호를 빠른 속도로 인지하도록 합니다.
:: 훈련시간은 1분입니다.

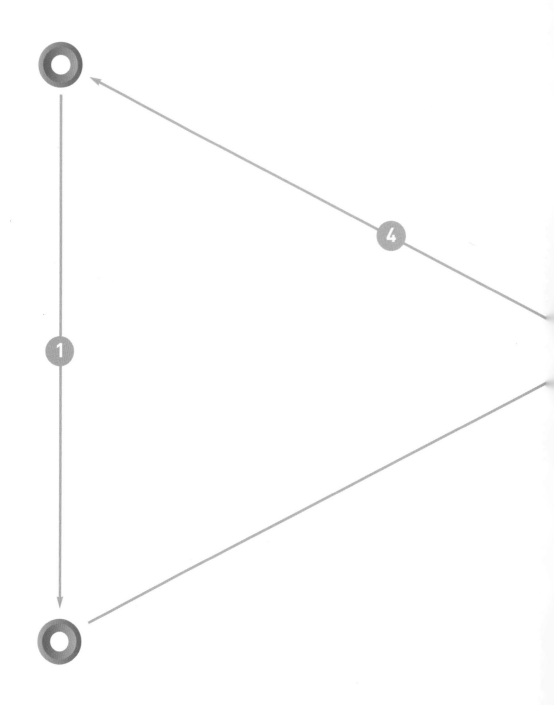

:: 책을 바르게 잡고 대각선의 기호를 빠른 속도로 인지하도록 합니다.
:: 훈련시간은 1분입니다.

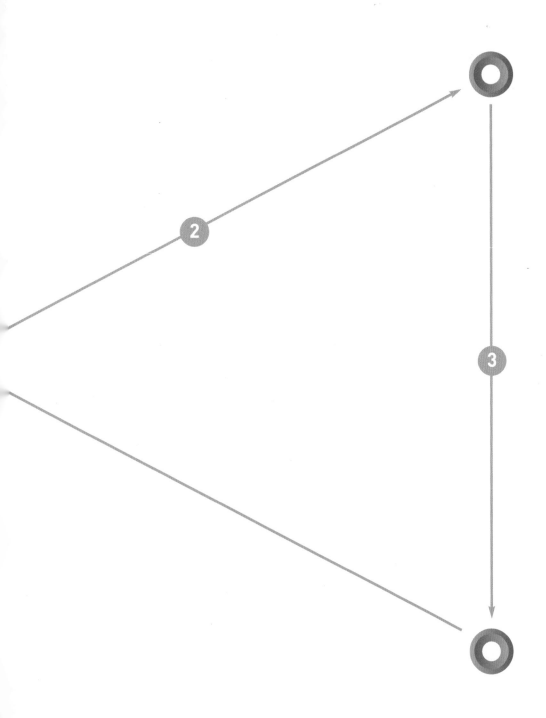

3 | 시야확대 훈련

지금까지 여러분이 진행해온 독서 방법은 한 글자에 초점을 맞춰서 활자를 인지하고, 마음속으로 읽어나가는 것이 대부분일 것입니다. 이러한 형태는 자신이 가지고 있는 주변시야와 두뇌능력을 전혀 활용하지 못하고 있는 비능률적인 독서입니다. 한 개의 글자에 초점을 맞춰서 읽어나가는 독서가 아니라 주변시야까지 충분히 활용된 독서가 이루어져야 합니다.

그럼, 여러분의 주변시야는 어느 정도 되는지 확인해볼까요!
일어서서 정면에 있는 사물이나 글자를 바라보도록 합니다. 그 상태에서 양손을 코끝에 모은 후 양손을 천천히 벌리도록 합니다. 상당히 넓게 벌렸는데도 여러분의 양손의 손끝을 확인할 수 있을 것입니다. 인간은 보통 160~170도 정도의 주변시야의 능력을 가지고 있습니다. 이렇게 넓은 주변시야를 독서에 활용하기 위해서 시야확대 훈련을 하는 것입니다.

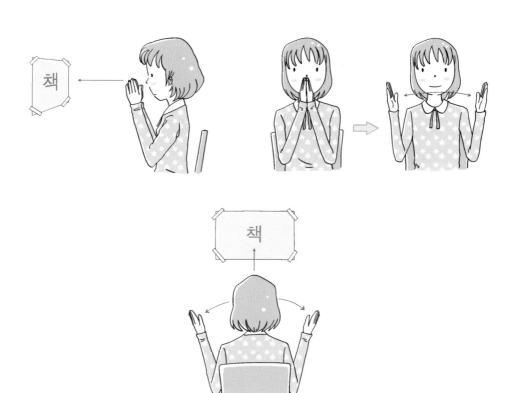

1 │ 프로그램 훈련 (파일명 : segi1.swf)

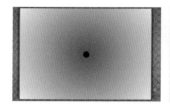 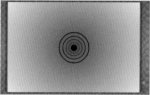 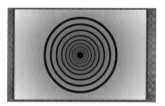

프로그램이 시작되면 첫 번째의 사진처럼 가운데에 점이 하나 그려져 있을 것입니다. 이 점을 중심점이라고 합니다. 시간차에 따라 중심점 주변에 또 다른 원들이 하나씩 나타나게 됩니다. 이번 훈련에서 가장 중요한 사항은 중심점을 계속해서 응시하고 있는 상태에서 하나씩 나타나는 원들을 전부 바라볼 수 있어야 합니다. 반드시 멍한 상태의 눈이 아니라 중심점에 초점을 맞춘 상태에서 주변의 원들을 또렷이 볼 수 있어야 하는 훈련입니다.

1. 모니터의 크기에 따라 다소 차이는 있을 수 있지만 화면과 50cm 이상은 떨어져서 훈련하도록 합니다.

2. 프로그램이 시작되면 가운데의 중심점에 초점을 맞추도록 합니다.

3. 중심점에 초점을 맞춘 상태에서 하나씩 나타나는 주변의 원들을 정확히 인지하도록 합니다.

4. 눈의 깜박임을 줄이고, 안구에 힘을 주어 바라봅니다.

5. 중심점 주변의 원들의 모양이 변하거나 사라지더라도 초점이 흔들리지 말고 계속해서 응시하도록 합니다.

6. 훈련이 끝나면 눈을 꼬옥 힘있게 감아줍니다. 눈을 감은 상태에서 안구를 시계방향과 반시계방향으로 회전한 후 눈을 뜨도록 합니다.

2 | 실전 시야확대 훈련

프로그램을 통한 훈련으로 여러분의 간접시야를 활용하는 능력은 상당한 발전을 보이고 있을 것입니다. 이 발전된 능력을 효과적으로 독서에 적용시키기 위해서는 교재를 통한 훈련이 반복되어야 합니다.

프로그램에서 훈련했던 방법과는 조금 차이가 있습니다. 프로그램을 통해 능력이 발전되기 시작했다면, 교재의 훈련에서도 문제없이 해낼 수 있을 것입니다. 교재의 훈련에서 주의사항은 프로그램과 같이 모션이 없기 때문에 훈련하는 본인 스스로 정확한 모션을 만들어야 한다는 것입니다. 처음부터 빨리빨리 이동해야 한다는 생각보다는 천천히 정확히 이동하는 능력을 키우고 점차 속도를 높여가는 훈련방법을 택하기를 바랍니다.

1   책의 왼쪽과 오른쪽의 하단 부분을 힘있게 잡도록 합니다.

2   책과 눈과의 거리는 30~50cm가 좋으며, 목과 어깨의 구부림에 주의하도록 합니다.

3   가운데의 중심점(빨강)에 초점을 맞추도록 합니다.

4   중심점에 초점을 맞춘 상태에서 위쪽의 주황색, 아래의 주황색, 위의 노랑색, 아래의 노랑색, 위의 초록색, 아래의 초록색… 순서대로 인지하고 마지막 보라색까지 훈련을 마치게 되면 다시 역순으로 훈련을 진행하면 됩니다.

5   훈련시간은 3분입니다.

실전 시야확대 훈련

4 | 6칸 기호인지 훈련

집중력과 두뇌의 정보처리 능력이 바탕이 된 상태에서 속독의 가장 중요한 사실은 빠르고 정확하여 자연스러운 안구의 흐름을 통해 많은 글자를 인지하고 판독하는 것입니다. 앞 단계에서 진행했던 시점이동 훈련과 시야확대 훈련은 안구의 흐름을 빠르게 하고, 간접시야를 활용해 넓은 범위를 인지할 수 있도록 하는 훈련이었습니다. 이번의 6칸 기호인지 훈련은 발달된 자신의 능력을 실질적으로 독서에 접목하기 위한 바로 전 단계의 훈련이라고 할 수 있습니다.

훈련의 가장 중요한 점은, 한 글자씩 인지하고 좌측에서 우측으로 이동하는 독서습관을 단어나 문장단위로 확대할 수 있도록 바꾸어 주는 훈련입니다.

1 | 프로그램 훈련 (파일명 : kiho6.swf)

24개의 기호가 1줄로 이루어진 상태의 훈련입니다. 6개의 기호를 한 번에 인지할 수 있어야 하며, 1줄을 인지하는데 있어서 시선이 고정되는 상태는 4번 정도여야 합니다. 평소에 한 글자씩 인지하면서 독서를 진행했던 분이라면, 이번 훈련을 통해서 활자를 인지하는 습관과 능력, 그리고 생각에 많은 변화가 올 것입니다.

6칸 기호인지 훈련을 위해서 시점이동 훈련과 시야확대 훈련이 진행되었습니다. 이 과정을 통해 6칸 정도는 정확히 그리고 빠르게 인지할 수 있는 능력이 준비된 상태입니다. 6칸 기호인지 훈련은 다음 단계의 문장적응 훈련의 바탕이 되는 훈련이고, 실제 독서능력의 변화를 가져오게 하는 가장 중요한 훈련입니다.

1 모니터의 크기에 따라 다소 차이는 있을 수 있지만 화면과 50cm 이상은 떨어져서 훈련하도록
  합니다.

2 머리는 움직이지 않고 움직이는 시점에 따라 정확히 안구를 이동합니다.

3 6개의 기호를 초점시야와 주변시야를 활용해 정확히 인지할 수 있어야 하며, 한 줄을 인지하는
  데 있어서 시선이 고정되는 위치가 4번이어야 합니다.

4 지속적이고 반복적인 훈련을 통해서 자연스러운 상태에서 훈련이 완성될 수 있도록 합니다.

5 훈련이 끝나면 눈을 꼬옥 힘있게 감아줍니다. 눈을 감은 상태에서 안구를 시계방향과 반시계방
  향으로 회전한 후 눈을 뜨도록 합니다.

2 | 실전 6칸 기호인지 훈련

프로그램을 통한 훈련에서 6칸의 기호가 시야에 잘 들어오는 사람, 시야에 잘 들어오기
는 하나 속도를 따라가지 못하는 사람, 6칸의 기호를 전부 인지하지 못하는 사람 등 다양
한 형태의 모습들을 보일 것입니다. 프로그램은 개개인의 능력을 고려하지 않은 상태에
서 일정한 속도를 유지하게 개발되어 있습니다. 이러한 개개인의 능력에 맞는 훈련을 하
기 위해서는 프로그램을 통한 훈련으로 정확한 훈련의 방법과 내용을 숙지하고 난 후,
교재의 기호훈련을 통해 개인의 능력에 맞는 훈련을 진행해야 합니다. 이 뿐만 아니라
프로그램을 통한 훈련에서 성취도가 높은 사람이라도 교재를 통한 훈련을 꼭 진행해야
합니다. 프로그램의 강제성 있는 상태의 빠르기가 아니라, 자신의 안구능력에 의한 빠르
기가 완성되어야 합니다. 프로그램 훈련 상태의 속도와 능력이 자연스럽게 만들어 질 수
있도록 반복적인 훈련이 중요합니다.

실전 6칸 기호인지 훈련

5 | 실전 6자 문장적응 훈련

도서의 대부분은 1줄당 적게는 20자, 많게는 30자 내외로 구성되어 있습니다. 1줄을 인지하는데 있어서 시선이 고정되는 위치가 4번에서 5번이면 충분하다는 것입니다. 한 글자씩 활자를 인지하면서 독서하는 습관을 가지고 있었던 분이라면 이번에 진행되는 훈련에서는 조금은 어렵다고 생각할 수 있지만, 그런 생각은 잘못된 생각이라는 것을 알았으면 합니다.

예를 들어 운전을 하는 과정에서 수없이 등장하는 가게의 간판들을 인지할 때 평상시 독서의 습관처럼 한 글자씩 읽지는 않을 것입니다. 한눈에 그 가게의 상호를 인지할 수 있는 것처럼, 이번 과정에서도 그러한 독서능력의 변화가 필요합니다.

무엇보다도 빠르게 진행되는 과정 속에서도 글의 내용을 이해할 수 있는 과정이 완성되어야 하므로, 주변을 정리하고 집중된 상태에서 훈련이 이루어질 수 있도록 해야 할 것입니다.

1 | 프로그램 훈련 (파일명 : ye6.swf)

프로그램을 처음 접하신 분들은 '와! 빠르다' 라는 느낌과 '보기는 본 것 같은데 무슨 내용인지 전혀 모르겠다' 는 생각을 할 수도 있습니다.

대부분 사람들의 평상시 독서능력은 초당 7자 정도입니다. 초당 7자 정도를 인지하고 판독하던 독서능력에서 6자 문장적응 훈련은 적게는 12자, 많게는 30자 까지 인지 · 판독해야 하는 상황이기 때문에 조금은 어렵다고 생각할 수 있지만, 이러한 현상은 몇 차례의 훈련을 통하면 금방 사라지게 됩니다.

'저녁식사를 준비하기 위해 시장에 장을 보러 간 적이 있습니다. 고기와 야채를 사고, 과일을 사기 위해 시장 구석구석을 돌아다니고 있을 때, 저의 시선은 한 아주머니를 향하고 있었습니다. 아주머니는 과일 선별 기계에서 쏟아지는 사과를 크기와 품질별로 구분하고 있었는데, 아주머니의 손놀림이 보통사람으로서는 상상도 하지 못할 만큼 빠르고 정확한 모습을 보여주고 있었습니다. 1초당 5개 정도의 사과가 기계를 타고 내려오는데 아주머니는 사과에 흠집도 생기지 않게 크기와 품질별로 구별하고 있는 것이었습니다.'

과연 이 아주머니가 처음부터 이러한 능력이 있었을까요? 아주머니도 처음에는 크기와 품질별로 구별하는데 많은 시행착오를 경험했을 것입니다. 하지만 반복된 선별작업으로 인해 금방 그 상황에 적응하게 되었고, 그 능력이 꾸준히 유지되고 있는 것입니다.

우리의 독서능력도 마찬가지입니다. 초당 7자의 내용을 파악하던 두뇌였지만, 꾸준한 반복 훈련을 하면 두뇌의 정보처리능력이 개발되어 초당 12자에서 30자도 문제없이 파악할 수 있게 됩니다.

처음부터 '완벽하게 되어야 한다' 또는 '한 번의 훈련으로 모든 능력이 나의 것이 되어야 한다'는 생각은 버리기 바랍니다. 안구도 두뇌도 새롭게 진행되는 독서 방법에 적응할 시간이 필요하며, 이러한 적응시간을 최대한 단축시킬 수 있는 방법은 '훈련'입니다.

2 | 실전 6자 문장적응 훈련

프로그램을 통해 여러분은 활자를 인지하는 방법과 그를 위한 시선의 흐름이 어떻게 진행되는가를 경험하게 되었을 것입니다.

프로그램은 일정한 속도로 제작되었기 때문에 개인의 능력에 따라 훈련 성과가 다르게 나타날 수 있습니다. 하지만 프로그램의 훈련성과보다는 실제 자신이 읽고 싶은 도서에 위와 같은 독서능력을 접목시키기 위해서는 실전 기호인지 6자 훈련이 필요합니다.

처음에는 문장적응 훈련양식에 표시된 글자의 색에 따라 안구의 흐름을 진행시키도록 하며, 이러한 방법이 어느 정도 적응되면 자신의 시폭과 시점의 흐름에 따라 변경해서 훈련하도록 합니다.

산을 돌고 돌아 길이 끝나는 곳에 이르면 푸른 물이 잔잔히 고여 있는 비버댐이 있습니다.

위의 표와 같이 한 번에 색의 구별로 표시된 모든 활자를 빠짐없이 인지한 후 좌측으로 빠르게 진행할 수 있어야 합니다. 활자를 한 번에 인지하기는 하지만 좌측으로 이동하는 속도가 느리다면 독서능력에는 많은 변화가 일어나지 않을 것입니다. 속독에서 가장 중요한 사실은 한 번에 많은 글자를 빠짐없이 인지하고, 빠르게 이동하는 것입니다. 훈련이 시작되기 전에 시계를 준비하여 자신이 처음부터 끝까지 얼마의 시간동안 인지 · 판독했는지를 기록하여, 자신의 독서능력이 발전되고 있다는 사실을 확인하기 바랍니다.

문장적응 훈련을 마친 후 자신에게 맞는 도서를 선정하여, 지금까지 훈련했던 내용을 바탕으로 실제 독서에 접목하는 시간(20분 이상)을 갖도록 합니다.

예전에 한 글자씩 인지하던 독서습관과 방법은 많이 바뀌어 가고 있을 것입니다. 자신도 활자를 빠르게 인지하고 있다는 사실을 느끼게 될 것이며, 이러한 훈련이 꾸준히 진행될 때 비로소 여러분의 독서능력은 계속해서 발전하게 될 것입니다.

POINT :: 책을 바르게 잡고, 색이 다른 형태로 표시되어 있는 5~8글자를 초점시야와 간접시야를 활용해 인지하도록 합니다.

비버댐

(글 : 박인수 | 글자수 : 1,969자)

산을 돌고 돌아 길이 끝나는 곳에 이르면 푸른 물이 잔잔히 고여 있는
비버댐이 있습니다.

10년 전 마을 사람들이 힘을 모아 홍수를 막기 위해 만든 댐이었습니다.

비버댐은 예부터 마을에 필요한 물을 대주고 관광객들이 찾아 마을살림에
큰 보탬을 주는 댐이었습니다. 하지만 지금의 관리인인 비버는 자신의
돈벌이에만 혈안이 되어있었습니다.

비버댐의 물을 받아 농사를 짓는 토끼들은 요즘 같은 가뭄에 비버댐에서
흘려보내주는 물이 더없이 필요할 때입니다.

"요즘 같은 가뭄에 수문을 못 열어준다니 이게 무슨 말입니까?"

토끼들은 오늘도 비버를 찾아가 사정을 합니다.

"어허. 글쎄 가뭄이니까 문을 못 열어준다지 않습니까."

비버가 댐이 훤히 보이는 곳에 앉아 경치를 보며 앉아있다 선글라스를
벗고 토끼들을 흘겨보며 단호하게 말했습니다.

"그럼 우리 농사는 어떻게 지으란 말입니까?"

"아. 답답하십니다. 그러기에 제가 3일에 한번 수문을 열어주면 아껴서
잘 사용하셔야죠."

"3일에 한 번 열어주는 것 가지고는 이 마을 전체의 논에 물을 대는 것에는 턱없이 부족합니다. 그 물로는 위쪽에 있는 논만 물을 받을 수 있습니다. 아래 논에 있는 우리들은 물 구경도 못한단 말입니다."

"그런다고 물을 더 내어줄 수는 없습니다. 이렇게 더운 날 피서를 즐기려고 우리 댐을 찾은 관광객들에게 말라버린 댐만 구경시킬 수는 없지 않습니까? 관광객이 많이 오면 민박도 많이 찾아 들고 서로 좋은 것 아닙니까?"

"잠깐 민박해서 돈 몇 푼 번다고 1년 농사를 망치란 말입니까?"

"어허. 계속 같은 말 반복하게 하지 마십시오. 아무튼 안 됩니다. 그만 돌아가십시오."

토끼들은 오늘도 단호한 비버의 태도에 발길을 돌릴 수밖에 없었습니다.

"어허. 이거 참 큰일이네. 무슨 수라도 써야지 원."

"무슨 수라니 자네 무슨 말인가?"

토끼들은 집으로 돌아가는 길에 자기들의 논에 물을 댈 방법을 찾기 위해 궁리를 하였습니다.

"우리가 밤에 몰래 올라가서 댐의 물을 조금 빼내면 어떨까?"

"그렇게 해도 좋겠지만... 비버가 말한 대로 성수기에 민박으로 버는 돈도 상당한데..."

"쳇. 아직도 모르겠나? 비버가 물을 빼주지 않는 것은 댐에 찾아와서 보트타고 노는 사람들한테 버는 돈이 많으니까 그러는 거야. 비버 자기 배 채우려고 지금 우리 마을 농사는 안중에도 없다고. 고양이 쥐 생각해주는 꼴이라고는..."

"그래도 물이 빠지면 비버가 눈치 챌 텐데."

"그럼 다른 방도라도 있는가."

"그래. 그럼 당장 오늘 밤에 하자고."

토끼들은 자신들의 논에 물을 대기 위해 비버의 댐에서 물을 몰래 빼내기로 모의했습니다.

계속되는 가뭄과 토끼들이 몰래 빼내는 물 때문에 댐의 물은 빠른 속도로 줄어들기 시작했습니다.

"아니. 이게 어떻게 된 거지. 이렇게 물이 말라 버리다가는 보트도 띄울 수 없겠는데. 안 되겠어!"

비버는 마을 회의를 소집했습니다.

"무슨 일이지?"

토끼들은 불안했습니다.

"자! 자! 자!"

비버가 단상에 올라 주의를 집중시켰습니다.

"대체 무슨 일이오?"

"거 가만, 내 이야기를 들어 주십시오."

시끄럽던 좌중이 조용해졌습니다.

"요즘 계속되는 가뭄으로 댐이 급속히 말라가고 있습니다."

'다행히도 우리가 물을 빼내는 것은 눈치 못 챈 것 같군.'

토끼들은 안심했습니다.

"그래서 말인데. 3일에 한 번 수문을 여는 것을 1주일에 한 번 여는 것으로 바꿔야겠습니다."

"아니 그게 대체 무슨 말입니까? 안 그래도 농작물이 말라 타들어 가는데. 1주일에 한 번이면 우리보고 죽으란 말입니까?"

"맞습니다. 집에서 제대로 씻지도 못하고 있단 말입니다."

여기저기서 토끼들이 소리 질렀습니다.

"가뭄이 이렇게 계속되면 진짜 먹을 물도 없어질지 모릅니다. 그러니 지금부터라도 아껴야죠."

비버는 강한 어조로 토끼들을 바라보며 말했습니다.

"먹을 물도 없다니. 그럼 댐에 배 띄울 물은 있답니까?"

"어허. 아무튼 그렇게들 아시고 물을 아껴 쓰시기 바랍니다."

토끼들의 아우성에도 비버는 자신의 할말만 하고 자리를 박차고 댐으로 가버렸습니다.

"어휴. 이제 어쩌죠?"

남아있는 토끼들은 한숨이 깊어만 갔습니다.

며칠 후 기다리던 비가 내리기 시작했습니다.

토끼들도 비버도 몇 달 만에 오는 비가 무척 반가웠습니다.

처음 가는 줄기로 시작한 비는 점점 굵어져 마치 하늘에 구멍이라도 난 마냥 거세게 퍼붓기 시작했습니다.

이제 농작물도 목을 축이다라기보다는 물에 잠길 위기에 처했습니다.

댐의 물도 넘치려 하기 시작했습니다.

토끼들은 자기 논의 물을 빼내기 위해 분주하게 움직였습니다.

그때 강한 빗줄기를 뚫고 누군가 달려왔습니다.

"도와주시오! 댐이. 댐이...."

비버가 다급하게 마을을 돌아다니며 소리쳤습니다.

"쳇! 우리가 어려울 땐 눈 하나 깜짝하지 않더니......"

비버의 소리에도 토끼들은 모두 자기 할 일에 여념이 없었습니다.

"댐이 무너지려 한단 말이오! 도와주시오!"

토끼들은 이미 귀를 막아 버렸습니다.

쾅—!

그때 무엇인가 무너지는 소리가 났습니다.

비버의 욕심으로 물이 많이 남아있던 댐은 모든 수문을 열고도 퍼붓는

빗물을 감당할 수 없었던 것입니다.

무너진 댐에서 산더미 같은 물이 마을을 덮쳤습니다.

간신히 목숨만은 건진 비버와 토끼들은 하염없이 자신들이 그동안 아껴왔던

논과 댐이 빗물에 휩쓸리는 것을 바라볼 수밖에 없었습니다.

인지 시간	1회	분	초	2회	분	초	3회	분	초
		분	초		분	초		분	초

DAY 01~03 **067**

6 | 실전 독서훈련

지금까지 진행된 모든 훈련은 실생활의 독서에 적용하기 위한 훈련이었습니다. 자신이 진행해오던 독서방법과 능력을 변화시키기 위한 훈련이었으며, 이런 다양한 훈련을 통해 실전 독서능력은 변화를 이루게 될 것입니다.

그러나 훈련에서 끝나버린 속독은 어느정도 시간이 지나면 본래 자신의 능력으로 되돌아가 버리고 맙니다. 훈련에서 습득한 능력과 방법을 실생활의 독서에 적용시키고, 자신의 부족한 점을 발견하고 채워나가는 시간과 훈련이 필요합니다.

1 자신의 능력에 맞는 도서를 선정하도록 하자

활자를 인지하는 안구의 능력이 상승했다고는 하지만 아직은 두뇌의 정보처리능력이 안구의 능력보다는 덜 발달된 상태입니다. 안구의 능력만큼 두뇌의 정보처리능력도 개발되는 시간과 자극이 필요한 시기입니다. 이 시기에 욕심이 앞서서 전문서적이나 고전소설 등 내용의 전문성을 요하게 되는 도서를 접하게 되면 안구의 이동능력은 제약을 받게 될 것입니다. 우선 자기 자신이 편하게 읽을 수 있는, 자신의 능력보다는 조금 낮은 단계의 도서를 선정하여 안구의 이동능력과 두뇌의 정보처리능력이 함께 발달될 수 있도록 하는 것이 좋습니다.

2 내용 이해보다는 안구의 이동능력에 포인트를 두도록 한다

두뇌의 정보처리능력이 함께 발달하기 위해서는, 두뇌가 처리해야 하는 정보를 좀 더 많이 보내주어야 합니다. 1초에 7자 정도를 판독했던 두뇌의 능력에 12자에서 30자 이상의 정보를 두뇌에 보내줌으로써 두뇌에 자극을 주는 것입니다. 처음에는 두뇌의 정보처리능력이 개발이 되지 않은 상태이기 때문에 안구의 이동능력에 비해 내용 이해도가 부족하게 나타날 수 있습니다. 하지만 우리의 두뇌는 몇 번의 반복훈련을 통해 금방 적응하게 될 것이며, 이러한 적응시기가 끝나면 내용 이해도는 높아질 것입니다.

[주의할 점]
- 이해가 안된다고 해서 활자를 인지하는 속도를 늦추지 않는다.
- 읽었던 페이지나 문장으로 되돌아가지 않는다.
- 자신이 정한 목표나 시간까지 처음의 인지속도를 유지하도록 한다.

3 자신이 읽었던 부분까지 내용을 기록하도록 한다

독서가 끝난 후, 눈을 감고 책의 내용을 영화처럼 떠올려 보고 글의 내용 중 생각나는 단어를 적어보도록 합니다. 처음에 '뭐~단어 정도야!' 라고 하지만 막상 단어를 적다 보면 생각보다 많은 단어를 적지 못할 것입니다. 많은 단어를 적지 못하는 이유는 자신의 독서능력보다 빨리 읽었기 때문이 아닙니다. 평소 자신이 읽던 속도와 습관대로 읽었더라도 중요 단어에 대한 관심이 없다면 단어적기는 쉽지 않을 것입니다.

글의 흐름에 따른 중요단어를 인식하고, 기억해야 한다는 목적을 가지고 속독을 진행하다 보면 저절로 내용 이해도는 높아지게 될 것입니다.

4 훈련시간

한 번에 20분~30분 독서를 진행하는 방법도 좋지만, 지금은 훈련기간이기 때문에 시간이나 독서량을 나누어서 훈련하는 방법을 권하고 싶습니다. 평소보다 빠르게 진행되는 독서이기 때문에 한 번에 많은 시간을 훈련하다 보면 집중력이 떨어지게 되어 훈련의 성취도가 낮게 나타날 수 있습니다. 여기서 저자가 권하는 시간은 5분이며, 독서량은 한 'chapter' 씩 나누어서 독서하고 기록하는 방법을 권하고 싶습니다.

5분 독서 ➔ 단어쓰기 ➔ 5분 독서 ➔ 단어쓰기 ➔ 5분 독서 ➔ 단어쓰기 ➔ 내용 요약

chapter 1 ➔ 단어쓰기 ➔ chapter 2 ➔ 단어쓰기 ➔ chapter 3 ➔ 단어쓰기 ➔ 내용 요약

실전 독서훈련

읽은 시간		분	페이지	page

읽은 시간		분	페이지	page

:: 주변 환경을 정리하고 집중된 상태에서 지금까지 훈련했던 내용을 바탕으로 빠르게 진행하도록 합니다.
:: 독서 후 생각나는 단어를 아래 50개의 칸에 적도록 합니다.

읽은 시간		분	페이지		page

내용요약	줄거리와 느낌을 간추려 적어보도록 합니다.

DAY
04~06

두 번째 훈련

성공을 위한
독서 키워드
···
속독법

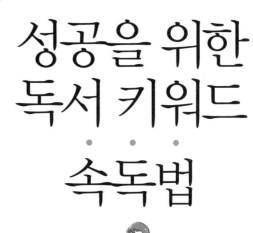

안구 훈련/기호 훈련 12칸

삼 일간의 훈련을 거치는 동안 자신의 독서능력도 발전이 될 수 있다는 사실의 경험과, 지금까지 자신이 진행했던 독서들이 효과적이지 못했다는 사실을 알게 되었을 것입니다.

DAY 04~06의 훈련은 기존에 자신이 가지고 있었던 능력에 속독의 능력이 더해져야 하는 과정입니다. 조금의 훈련만으로도 효과를 느꼈던 DAY 01~03의 훈련과 달리, DAY 04~06은 개인적인 노력여부에 따라 성취도가 달리 나타나기 시작하는 시기입니다.

1 | 호흡/명상 훈련

훈련에 들어가기 전 마음의 준비가 되어야 합니다. 마음의 안정도 되지 않은 상태에서 훈련을 해야 한다는 조급한 생각보다는 3~6분 정도의 여유를 부려보기를 바랍니다. 명상 없이 훈련을 시작하는 사람은 훈련이 빨리 끝나겠지만, 명상부터 차근차근 훈련에 임하는 사람보다 훈련의 성과가 낮게 나타나게 될 것이고, 이러한 상황을 반복하다 보면 속독이라는 능력을 자신의 것으로 만들지 못할 수도 있습니다.

1. 훈련자세와 방법은 DAY 01~03 훈련과 동일합니다.

2. DAY 01~03의 호흡훈련보다는 좀 더 길게 들이마시고, 길게 내쉬도록 합니다.

3. 막힘 없이 부드럽게 진행되어야 하며, 어지러운 증상이 있으면 훈련을 멈추기를 바랍니다.

2 | 시점이동 훈련

그동안 안구 훈련이라고는 전혀 하지 않았던 분들이 갑자기 안구운동을 하니 눈이 아프고 따가우셨을 것입니다. 하지만 그러한 안구의 아픔과 따가움은 지난 단계까지이며, 이번 단계부터는 그러한 현상이 나타나지 않을 것입니다. 여러분의 안구는 이제 본격적인 속독 훈련을 하기 위해 준비가 다 된 상태이며, 더 높은 능력의 발전을 위해 달려갈 준비가 된 상태입니다.

1 | 프로그램 훈련 (파일명 : se2.swf)

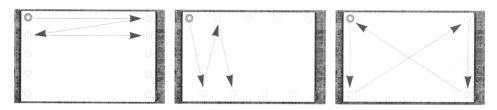

프로그램의 훈련 진행방법과 방향은 동일하지만, DAY 01~03 단계의 속도보다는 빠르게 구성되어 있습니다. 앞 단계의 능력이 충분하지 못한 분이라면 이번 단계의 훈련보다는 앞 단계의 훈련을 자신의 것으로 만든 후 이번 단계의 훈련에 임하기를 바랍니다.
방법은 전 단계의 시점 이동 훈련방법과 동일하게 진행됩니다.

2 | 시점이동 훈련표

프로그램과 달리 시점이동 훈련표에서는 기호가 아닌 이미지가 등장하게 될 것입니다. 단순히 기호만 진행되던 훈련에서 구체적인 사물에 대한 이미지로 훈련하게 되어 훈련은 한층 재미있어질 것입니다. 기호에서 이미지로 인지점이 변경되었으나 인지하는 속도는 그대로 유지되어야 한다는 사실은 잊지 말기를 바랍니다.

프로그램의 강제성에 의한 시점이동능력이 아니라 프로그램에서 훈련했던 능력을 바탕으로 자신의 안구 근육을 스스로 조절하여 인지속도를 만들어내야 하는 과정입니다. 스스로 해야 하는 과정이기 때문에 자칫 잘못하면 속도가 느려지거나 집중하지 못하는 문제가 발생될 수 있지만, 본인 스스로 목표에 따른 의지로 이겨낼 수 있는 과정이 되기를 바랍니다.

시점이동 훈련표(좌·우)

:: 책을 바르게 잡고 좌 · 우측의 이미지를 빠른 속도로 인지하도록 합니다.

:: 훈련시간은 1분입니다.

시점이동 훈련표(상 · 하)

:: 책을 바르게 잡고 상 · 하의 이미지를 빠른 속도로 인지하도록 합니다.

:: 훈련시간은 1분입니다.

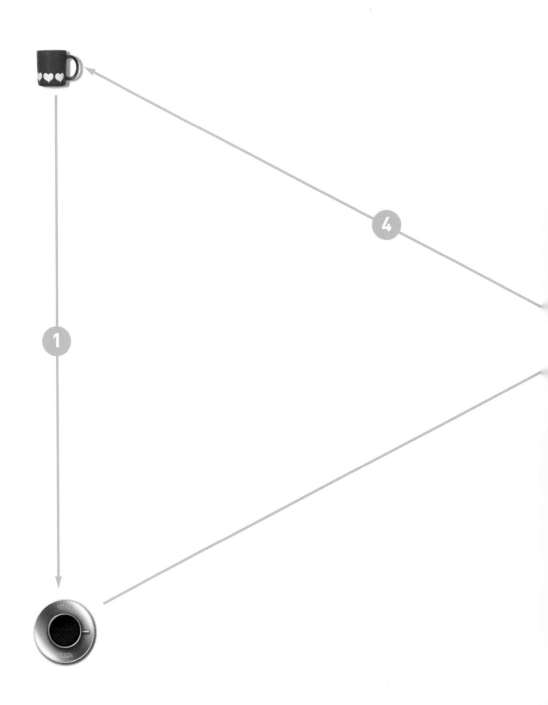

:: 책을 바르게 잡고 대각선의 기호를 빠른 속도로 인지하도록 합니다.
:: 훈련시간은 1분입니다.

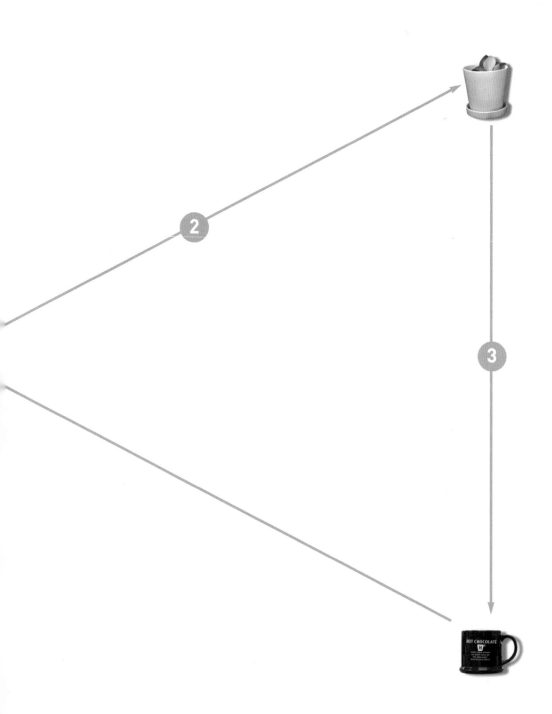

3 | 시야확대 훈련

이번 단계에서는 DAY 01~03 단계에서 진행했던 원의 기호에서 사각의 기호로 바뀌는 훈련입니다. 그냥 멍하니 영화 관람이나 인터넷 검색을 하는 듯한 눈으로 훈련에 임해서는 안됩니다. 중심점에 시점을 맞추고 주변에 나타나는 사각의 기호를 전부 바라보도록 노력해야 합니다. 최대로 큰 사각을 인지하기 위해서는 눈도 커져야 하고, 눈에 힘도 주어야 할 것입니다. 시간이 조금 지나면 눈이 아프기도 하고, 따갑기도 할 것이지만 눈을 마음대로 깜빡이지 않도록 합니다. 눈이 따갑고 아플 때는 눈을 가늘게 뜨고 희미하게 바라보고 있다가, 눈의 아픔이 사라지게 되면 다시 커다랗게 뜨고 훈련을 진행하도록 합니다.

1 | 프로그램 훈련 (파일명 : segi2.swf)

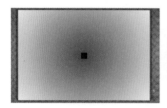 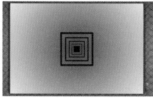 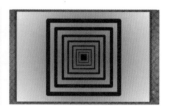

프로그램이 시작되면 첫 번째의 사진처럼 가운데에 사각의 점이 하나 나타날 것입니다. 전체적인 내용은 DAY 01~03의 훈련과는 같지만, 이번 훈련은 좀 더 구체적인 시야확대와 안구의 힘을 키우기 위한 훈련입니다.

1. 훈련자세와 방법은 DAY 01~03 방법과 동일합니다. 앞 단계의 내용을 다시 한 번 확인하고 훈련에 임하기를 바랍니다.

2. 훈련 중 눈이 따갑고 아프게 되면 눈을 깜박이지 말고, 가늘게 떠서 희미하게 바라보는 상태를 유지하도록 합니다.

3. 안구의 따가움이 사라지게 되면, 다시 훈련에 임하면 됩니다.

4. 무엇보다 중요한 사실은 눈이 아프더라도 눈을 깜박이는 횟수를 줄이도록 노력해야 한다는 것입니다.

5. 훈련이 끝나면 눈을 꼬옥 힘있게 감아줍니다. 눈을 감은 상태에서 안구를 시계방향과 반시계방향으로 회전한 후 눈을 뜨도록 합니다.

2 | 실전 시야확대 훈련

▶ 전체적인 훈련은 DAY 01~03의 훈련내용과 동일합니다. 다르다는 것은 원과 사각 그리고 눈의 깜박이는 횟수를 줄여야 한다는 것입니다. 훈련시간은 3분입니다.

04

실전 시야확대 훈련

4 | 12칸 기호인지 훈련

6칸 기호인지 훈련과 문장적응 훈련 그리고 독서를 통해 경험했듯이 속독의 기본은 집중된 상태에서 많은 활자를 빠른 속도로 인지하고, 두뇌정보처리능력을 활용하여 내용을 파악하고 기억하는 것입니다.

6칸 기호인지 훈련에서 출발하여 이번 과정은 12칸 기호인지 훈련입니다. 6칸은 속독을 경험하지 않았던 분들도 쉽게 적응하는 시기였다면, 이번 과정부터는 정말 자신의 노력을 바탕으로 하는 훈련이 중요한 시기입니다.

1 | 프로그램 훈련 (파일명 : kiho12.swf)

24개의 기호로 이루어진 1줄을 2번의 시선고정으로 인지하는 훈련입니다. 어린이용 도서나 책의 크기가 작은 도서의 대부분은 1줄 당 24개의 기호면 충분히 인지할 수 있는 내용입니다. 결국 12칸 기호인지 훈련을 통하면 1줄의 내용을 두 번의 시선고정으로 읽어낼 수 있다는 뜻이기도 합니다. 여러분이 지금까지 전혀 경험하지 않았던 고속의 속독이 시작되는 과정이며, 12칸 기호인지 훈련이 바탕이 되어야 다음의 훈련을 진행하는데 있어서 좋은 결과를 만들어 낼 것입니다.

위 사진에서 보듯이 좌측의 12개의 기호를 인지하고, 빠른 시선의 이동을 통해 우측의 12개를 인지하는 것입니다. 12개의 기호를 인지하기 위해서는 시점의 중심이 6번 기호와 7번 기호의 중앙에 위치해야 하며, 전체의 기호를 주변시야를 활용해 명확히 보려고 노력해야 합니다.

시선이 고정되는 위치

훈련방법

1. 모니터의 크기에 따라 다소 차이는 있을 수 있지만 화면과 50cm 이상은 떨어져서 훈련하도록 합니다.

2. 머리는 움직이지 않고 움직이는 시점에 따라 정확히 이동합니다.

3. 12개의 기호를 초점시야는 6번 기호와 7번 기호사이에 두고, 나머지의 기호는 주변시야를 활용해 정확히 인지하도록 합니다.

4. 지속적이고 반복적인 훈련을 통해서 자연스러운 상태에서 훈련이 완성될 수 있도록 합니다.

5. 훈련이 끝나면 눈을 꼬옥 힘있게 감아줍니다. 눈을 감은 상태에서 안구를 시계방향과 반시계방향으로 회전한 후 눈을 뜨도록 합니다.

2 | 실전 12칸 기호인지 훈련

프로그램의 훈련에서 여러 가지 형태의 문제점들이 등장하게 될 것입니다. 프로그램보다 속도가 느린 사람, 12개의 기호 전체를 명확히 볼 수 없는 사람 등 문제점들이 발생되었을 때 여러분의 능력에 맞게 임할 수 있는 훈련이 실전 12칸 기호인지 훈련입니다. 프로그램의 속도나, 기호를 바라보는 주변시야의 능력이 부족하다고 느끼시는 분은 실전 12칸 기호인지 훈련의 반복을 통해 능력을 향상시킨 후 프로그램 훈련을 하도록 합니다. 안 되는 상황인데도 프로그램 상태의 훈련이 편하다고 해서 프로그램 훈련만 진행하게 되면 12칸 문장적응 능력이 떨어지게 됩니다. 문장적응 능력이 떨어지게 되면 독서능력도 떨어지게 되고, 그런 상황이 반복되다 보면 속독의 불신만 높아지게 되는 결과를 초래하게 됩니다. 처음부터 안 된다고 실망하지 말고, 노력하면 될 것이라는 희망 속에서 훈련에 임하기를 바랍니다.

실전 12칸 기호인지 훈련

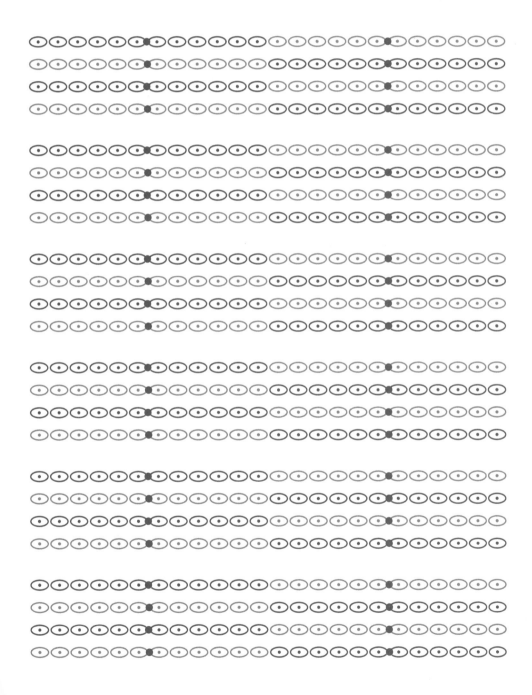

5 | 실전 12자 문장적응 훈련

이번 단계의 모든 과정은 12자 문장적응 훈련능력을 효과적으로 적응하기 위한 훈련이었다고 생각하시면 됩니다. 그만큼 이번 과정의 성취결과는 문장적응 훈련에 있다고 해도 과언이 아닙니다.

자신의 시점이동능력과 시야, 그리고 12칸 기호훈련 내용들을 잘 소화했다면 12자 문장적응 훈련도 어려움 없이 적응할 수 있을 것입니다.

1 | 프로그램 훈련 (파일명 : ye12.swf)

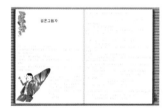  

프로그램이 시작되면 12칸 기호훈련 같이 12자의 활자를 인지할 것이라고 생각할 수도 있지만, 문장적응 훈련은 글의 문맥과 띄어쓰기에 맞춰서 훈련을 해야 합니다. 최소 3자도 될 수 있고 최대 15자도 될 수 있다는 것입니다. 꼭 12자의 활자를 인지해야 한다는 생각보다는 활자를 인지하는 유연성을 발휘해야 하는 단계입니다.

또 6글자 정도를 인지하던 두뇌능력에서 12자 이상도 인지해야 하는 과정이므로 더 많은 집중력과 두뇌능력이 요구되는 시점이기도 합니다. 보다 더 많은 활자를 빠르게 인지해야 하기 때문에 집중력은 더욱더 높아질 것입니다.

여러분이 자동차 경주게임을 한다고 가정을 해보도록 합니다. 자동차의 속도가 느리게 진행되는 게임이 있고, 아주 빠른 속도로 진행되는 게임이 있습니다. 과연 어느 게임에 임할 때 집중력이 높게 나타날까요? 우리의 두뇌는 느린 상태보다는 빠른 상태에서 더 많은 집중력이 생겨나게 됩니다.

빠르게 진행되는 독서라고 해서 내용이해가 떨어진다는 생각보다는 더 빠르고 넓은 시야의 안구 능력과 집중력, 두뇌 정보처리능력의 상승만 있다면 여러분의 독서는 빠르게 발전할 수 있을 것입니다.

2 | 실전 12자 문장적응 훈련

6칸 문장적응 훈련에서 경험했듯이 프로그램의 훈련만을 진행해서는 안됩니다. 프로그램의 특성상 여러분의 다양한 능력에 속도와 글자의 수를 맞출 수 없습니다. 프로그램은 12자 문장적응을 어떻게, 어떤 방법으로 진행하면 된다는 지침서라고 생각하시면 될 것입니다. 실제 자신의 능력 완성과정은 실전 문장적응 훈련에 있습니다. 색의 구별에 따라 훈련하셔도 되며, 자신의 활자 인지량에 따라 색의 구별과 상관없이 훈련에 임하셔도 됩니다. ▶ 훈련량 : 1일 훈련에 2회

6 | 실전 독서훈련

지난 과정에서 실전 독서훈련을 진행했는데 여러분들이 원하고 바라는 성공적인 독서의 진행이 되었는지 궁금합니다. 기본적인 훈련을 마치고 진행된 실전 독서훈련이기 때문에 여러분들 모두 잘 적응했으리라고 생각됩니다.

이번 과정에서는 6자 문장적응과 12자 문장적응을 마치고 진행되는 실전 독서훈련입니다. 한 글자씩 인지하면서 읽어나가는 독서에서 12자 이상 한 번에 인지할 수 있는 능력이 만들어지기 시작했습니다.

꼭 12자 이상을 독서에 적용해야 한다는 생각보다는 글의 문맥에 따라 6자부터 12자까지 다양한 방법으로 독서에 임하기를 바랍니다. 독서가 전쟁이라면 여러분들은 2개의 비밀병기가 있다고 생각하세요.

지난 과정에서 5분독서와 chapter 중 하나를 선택해서 실전 독서훈련이 진행되었지만 이번 과정부터는 시간과 chapter를 확대하도록 하겠습니다. 시간은 5분에서 10분으로, 한 개의 chapter에서 두 개의 chapter로 훈련하도록 합니다. 훈련량을 확대하는 이유는 여러분의 집중력과 독서속도 그리고 두뇌의 정보처리능력이 개발되고 있기 때문에 지난 과정의 실전 독서내용보다는 조금 더 발전된 과정이 필요하기 때문입니다.

10분 독서 ➡ 단어쓰기 ➡ 10분 독서 ➡ 단어쓰기 ➡ 10분 독서 ➡ 단어쓰기 ➡ 내용 요약

chapter 1, 2 ➡ 단어쓰기 ➡ chapter 3, 4 ➡ 단어쓰기 ➡ chapter 5, 6 ➡ 단어쓰기 ➡ 내용 요약

06 실전 12자 문장적응 훈련

:: 책을 바르게 잡고, 색이 다른 형태로 표시되어 있는 2~15글자를 초점시야와 간접시야를 활용해 인지하도록 합니다.

검은그림자

(글 : 박인수 | 글자수 : 2,239자)

어두운 밤길 김비관씨는 집 앞에 당도했습니다.

이미 골목길의 가로등에는 불빛이 하나 둘 켜지고, 하루살이들이 그 빛을

따라 모여듭니다.

비관씨는 등골이 오싹함을 느꼈습니다.

언제부터인가 검은그림자가 자신의 뒤를 쫓고 있다는 것을 느꼈기

때문입니다.

비관씨는 서둘러 대문을 열고 들어서려는데 그 검은그림자의 손이 비관씨의

어깨를 잡았습니다.

"앗!"

비관씨는 손을 휘저으며 저항해 봤지만

음흉한 웃음소리와 함께 검은그림자는

비관씨를 더욱 세게 움켜잡았습니다.

그리고 그 그림자는 점점 비관씨의

몸속을 파고들며 말 할 수 없는 고통을

주었습니다.

"살려주세요!"

비관씨는 신음소리를 내며 이불을 걷어찼습니다.

'꿈이었군.'

비관씨는 이마의 식은 땀을 닦으며 안도의 한숨을 쉬었지만 왠지 불안한
마음이 들었습니다.

"여보, 왜 그래요? 지금 몇 신데."

옆에서 자고 있던 아내도 비관씨의 잠꼬대에 잠에서 깨 눈을 비비며
있습니다.

"아냐. 아무것도. 어서 자."

"여보, 요즘 자주 악몽을 꾸시나 봐요. 무슨 일 있어요?"

"아냐. 아무것도 아니라니깐."

아무것도 아니라 했지만 비관씨는 벌써 며칠 째 같은 꿈을 꾸고 있어 걱정이
되었습니다.

날이 밝자 비관씨는 서둘러 병원을 찾았습니다.

기분 탓인지는 모르겠지만 그 그림자가 파고 들어온 곳의 고통이 현실에서도
계속 이어지고 있는 듯했기 때문입니다.

며칠 후 비관씨는 직장에서 한 통의 전화를 받고 소스라치는 듯 놀랐습니다.

"암이요? 제가 암이라고요?"

비관씨는 하늘이 무너지는 듯한 심정에 스스로 주저앉고 말았습니다.

'내 나이 이제 마흔인데. 암이라니. 검사가 잘못 됐을지도 몰라.
그래 그랬을 거야.'

비관씨는 믿기지 않는 듯 몇 번이고 부인하고 부인하였습니다.

"어이 김씨 오늘도 술 한 잔 어때? 내가 한잔 쏘지."

"…"

비관씨는 평소의 비관씨 답지 않게 이번만은 시원하게 동의하지 못했습니다.

"왜 그래? 무슨 일 있어? 내가 오늘 멋지게 한 턱 쏜다니깐."

"아니. 오늘은 일찍 들어가 봐야 할 일이 있어서."

"아쉽군. 내가 그 동안 김씨한테 얻어먹은 것도 있고 해서 거하게 한 잔

사려고 했는데 말이야. 그럼 내 다음에 거하게 사지."

비관씨는 곧장 집으로 돌아와 거울을 보며 스스로 다짐했습니다.

"너 아니지? 너 암 아니지? 그럴 리가 없지?"

따르르릉 –

"여보세요"

"네. 알겠습니다."

병원이었습니다. 오늘 정밀검진을 하자는 전화였습니다.

비관씨는 빠르게 준비를 하고 병원을 찾았습니다.

"저. 제가 암 인가요?"

"뭐라 말씀드려야 할지 모르겠습니다."

의사는 말끝을 흐린 후 자세히 설명했습니다. 비관씨는 암이었습니다.

"우선 식습관부터 바꾸셔야 합니다. 그리고 꾸준히 운동도 하시고요."

비관씨는 의사의 말이 들리지 않았습니다.

'내가 암이라니.'

비관씨는 눈앞에 죽음이 다가온 것만 같았습니다.

'내가 얼마나 살 수 있을까? 치료를 받으면 완치 될까? 얼마나

고통스러울까?'

그날 밤 비관씨는 걱정 속에 잠을 청했습니다.

비관씨는 또 어두운 밤길을 홀로 걷고 있습니다.

어두운 그림자가 뒤를 쫓아옵니다.

'또 꿈이구나. 그래 올 테면 와 보라지.'

비관씨는 두렵지 않았습니다.

"누구냐?"

비관씨는 뒤를 돌아봤습니다.

검은그림자는 악취가 날 것 같은 누더기 옷으로 온몸을 둘러싸고 있었고

피부는 몹쓸 병이라도 걸린 것 같이 야위고 군데군데 검고 거칠어

보였습니다.

"내가 누군지 물어보기 전에 너를 한번 보는 게 어때? 흐흐흐."

비관씨는 자신의 모습을 보았습니다.

어두운 밤길에 속옷 차림인 자신의 몸에 심한 상처들이 나 있었습니다.

그리고 그의 손엔 마치 자신이 자신의 몸에 상처를 낸 것처럼 흉기가

들려있었습니다.

"아!"

비관씨는 손에 들고 있던 것을 버리려고 했지만 자신의 손에 강하게 붙어

있는 것만 같았습니다.

"흐흐흐. 너의 모습을 똑똑히 봐라. 이제 아주 좋은 사냥감이 되었구나?

흐흐흐."

"왜 하필 나란 말이오. 왜!"

"그걸 왜 나한테 묻느냐? 내가 찾아와 네가 병들었다 생각하느냐?"

"그럼 당신이 찾아온 뒤로 내 몸이 이렇게 엉망이 되어 버렸는데

누구한테 따진단 말이오?"

"흐흐흐."

음흉한 미소로 검은그림자는 말했습니다.

"난 네가 약해졌기 때문에 찾아왔을 뿐이다. 내가 와서 네가 병든 것이 아니라 네가 약해졌기 때문에 내가 찾아왔단 말이다."

"그게 무슨 말이오?"

"세상에는 살아가면서 그냥 닥치는 대로 사는 사람들이 많지."

"…"

"더 이상 따져 무얼 하겠느냐? 하하하."

검은그림자는 또 다시 비관씨에게 손을 뻗쳤습니다.

"윽!"

외마디 비명과 함께 비관씨는 눈을 떴습니다.

비관씨는 심한 고통을 느꼈습니다.

병원에서 암 통보를 받은 후로는 더욱 아픈 것만 같았습니다.

'내가 대체 뭘 잘못했지?'

비관씨는 자신을 돌아 봤습니다.

'그래. 지피지기면 백전백승이란 말도 있지 않은가. 그놈한테 이기려면 먼저 내 자신먼저 돌아봐야겠어.'

하루가 멀다하고 동료들과 술자리를 가지고 폭음을 일삼던 기억들이 머리를 스쳤습니다. 폭음한 다음날 아침을 거르고 회사에서 하루 종일 책상 앞에 앉아있던 자신이 떠오르기도 했습니다. 수없이 못 살겠다고 생각 없이 뱉었던 말들도 떠올랐습니다.

비관씨는 아내에게 자신의 일을 털어 놓았습니다.

한동안 아내와 비관씨는 부둥켜안고 눈물을 흘렸습니다.

"여보. 괜찮아. 걱정 말라고."

"여보."

아내는 눈물만 흘렸습니다.

"여보. 나 지난 몇 시간동안 많은 생각을 하게 됐어. 내가 먼저 이 암이란 놈을 이길 수 있다고 마음먹어야지 그렇지 않고 내 스스로 먼저 무릎 꿇을 수는 없다고 생각하게 됐어. 그래 이놈! 내가 이길 수 있어! 그리고 그러기 위해서는 먼저 내 자신을 돌아보고 잘못된 점을 바로 잡아야겠다고 생각하게 됐지."

비관씨는 아내에게 미소를 지어 보였습니다.

"여보. 내가 그동안 잘못 살아 온 것 같아. 당신에게도 미안하고······"

비관씨는 말을 끝까지 잇지 못했습니다.

아내는 그런 비관씨를 꼭 안아 주었습니다.

인지 시간	1회	분	초	2회	분	초	3회	분	초
		분	초		분	초		분	초

읽은 시간		분	페이지		page

읽은 시간		분	페이지		page

:: 주변 환경을 정리하고 집중된 상태에서 지금까지 훈련했던 내용을 바탕으로 빠르게 진행하도록 합니다.

:: 독서 후 생각나는 단어를 아래 50개의 칸에 적도록 합니다.

읽은 시간		분	페이지		page

내용요약   줄거리와 느낌을 간추려 적어보도록 합니다.

----

7 | 성취도 테스트

여러분은 훈련 시작 전 사전 테스트를 통해 자신의 독서능력이 어느 정도인지 확인하고 훈련에 임했을 것입니다. 훈련 과정 일수에 맞춰서 진행이 잘 이루어졌다면 6일이 지나고 7일째 되는 날에 성취도 테스트가 진행되게 됩니다.

성취도 테스트는 자신의 독서능력을 점검하는 계기가 될 것이며, 자신의 독서능력이 발전하고 있다는 사실을 느끼게 되는 과정입니다. 훈련을 하는 동안 독서능력이 발전되고 있다는 사실을 잘 느끼지 못하기 때문에 이러한 성취도 테스트를 통해 자신의 발전사항을 점검하고, 발전되고 있다는 사실을 알게 됨으로써 다음 훈련의 동기부여가 될 수 있습니다.

귀찮다고, 시간이 없다고 성급한 마음으로 다음 훈련을 바로 진행하기보다는 꼭 성취도 테스트에 임해서 자신의 독서능력을 측정할 수 있도록 합니다.

1 | 독서시간

주변 환경을 정리한 후 깊은 심호흡을 하도록 합니다. 한 권의 책을 평소에 자신의 독서능력으로 전부 읽도록 합니다. 한 번 읽기 시작하면 멈추지 말고 끝까지 읽도록 합니다.

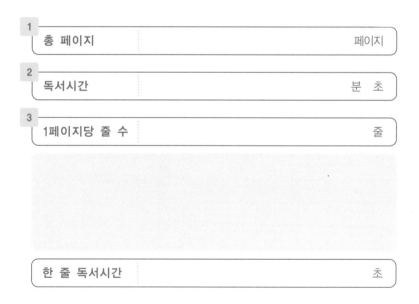

1
총 페이지 .... 페이지

2
독서시간 분 초

3
1페이지당 줄 수 줄

한 줄 독서시간 초

2 │ 내용 파악 능력

▶ 독서 후 내용을 생각하면서 아래에 제시된 빈 칸을 채워 보세요.

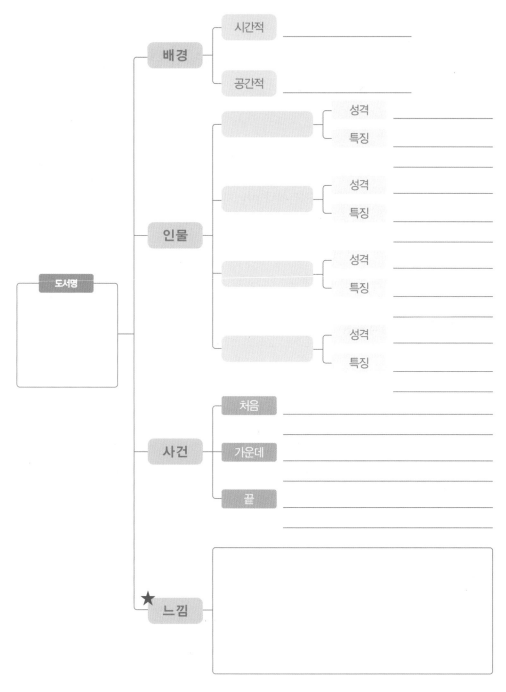

★ 다음 7일의 훈련은 교재와 프로그램 훈련보다는 지금까지 훈련했던 내용과 방법을 바
탕으로 실전 독서에 적용하는 훈련을 하도록 합니다.

숫자변환 기억법

1 | 숫자변환 기억법이란?

숫자를 문자나 이미지로 바꾸거나, 문자나 이미지를 다시 숫자로 바꾸는 방법이 숫자변환 기억법입니다. 예를 들어 우리 생활에 필요한 전화번호나 수량과 같은 모든 숫자를 포함하여, 교과학습에 필요한 년도나, 수학, 과학의 모든 숫자를 문자나 이미지로 변환하여 쉽게 장기 기억할 수 있습니다.

2 | 숫자변환 기억법의 종류

1 | 음변환법

어떤 무엇인가를 기억할 때, 무조건 외우는 것보다는 자신이 경험했거나 이미 알고 있는 사실에 접목시켜서 기억하는 것이 훨씬 효과적이라고 할 수 있습니다. 음변환법은 특별한 방법이 아니라 이미 널리 사용되고 있는 방법입니다.

예를 들면,

5185(오일팔오)는 주유소의 전화번호.

7788(칠칠팔팔)은 기차소리와 같은 기차역의 전화번호.

5246(오이사육)은 오이사유를 외치는 야채상점 전화번호.

8219(팔이일구)는 빨리 읽으라는 속독학원 전화번호.

5292(오이구이)는 오리구이집 전화번호.

유사음법은 어떠한 숫자가 등장하더라도 개인의 창의성과 상상력만 활용하면 좀 더 정확하게, 오랫동안 기억할 수 있을 것입니다.

2 | 자음변환법

자음변환법은 0에서 9까지의 숫자들을 자음순서에 따라 형태가 있는 문장이나 낱말로 기억하는 방법입니다. '축구선수의 장'을 통해서 각 숫자와 연계된 자음을 기억하세요.

축구선수의 장

상	① 구름	④ 허리	⑦ 산
중	② 나무	⑤ 무릎	⑧ 음료수
하	③ 돌	⑥ 발	⑨ 잔디

자음변환표

숫자	1	2	3	4	5	6	7	8	9	0
자음	ㄱ	ㄷ	ㅎ		ㅂ	ㅅ		ㅈ	
	ㄲ	ㄴ	ㄸ		ㅁ	ㅃ		ㅇ		ㅊ
	ㅋ		ㅌ	ㄹ		ㅍ	ㅆ		ㅉ	

'축구선수의 장'을 생각하면 각 숫자에 따른 자음을 쉽게 기억할 수 있을 것입니다. 단 '4'번의 숫자는 'ㄹ.ㅎ'이 있다는 사실만 혼동하지 않으면 '자음변환표'는 쉽게 기억할 수 있을 것입니다.

[자음변환법의 방법]

1 각각의 숫자를 자음으로 변환하도록 합니다.

2 변환된 자음을 바탕으로 형상명사가 가장 좋지만, 자신에게 익숙하거나 친밀한 단어로 변환해도 됩니다.

예제

숫자	자음	낱말
57	ㅁ, ㅅ	마술
68	ㅂ, ㅇ	바위
93	ㅈ, ㄷ	자두
28	ㄴ, ㅇ	나이
46	ㄹ(ㅎ), ㅂ	호박

숫자	자음	낱말
725	ㅅ, ㄴ, ㅁ	시냇물
647	ㅍ, ㄹ(ㅎ), ㅅ	파란색
941	ㅈ, ㄹ(ㅎ), ㄱ	전화기
697	ㅂ, ㅈ, ㅅ	박지성
754	ㅅ, ㅁ, ㄹ(ㅎ)	선물로

▶ 위의 예제를 참고하여 낱말변환훈련을 하도록 합니다.

자음 변환 훈련

01day

01	02	03	04	05	06	07	08	09	10
축구									

11	12	13	14	15	16	17	18	19	20

21	22	23	24	25	26	27	28	29	30

자음 변환 훈련									

31	31	33	34	35	36	37	38	39	40
41	42	43	44	45	46	47	48	49	50
51	52	53	54	55	56	57	58	59	60

61	62	63	64	65	66	67	68	69	70
71	72	73	74	75	76	77	78	79	80
81	82	83	84	85	86	87	88	89	90
91	92	93	94	95	96	97	98	99	100

위 표에서 훈련을 해본 결과 변환이 잘 된 숫자는 재미있을 것이고 변환이 잘 안 되는 숫자는 머리만 아프다고 느낄 것입니다. '머리아파서 그냥 외우는 것이 편하겠다'고 할 수도 있을 것입니다. 한 번의 훈련으로 모든 것을 이루려는 조급한 생각보다는 생활 속에서 자음변환법을 자주 사용하다 보면 어느 순간 자음변환법이 자연스러워지고 그에 따라 자신의 능력도 향상되어있음을 느낄 수 있을 것입니다.

3 | 자음변환법 이렇게 적용하자

1 국사 연표 기억하기

① B.C.1000 청동기 문화의 전개

　– 1000년은 (고추참치), 청동기(청동으로 만든 캔을 연상)

　– 고추참치가 청동 캔 속에 들어있다.

② 427 : 고구려 평양천도

　– 427년은 (하늘색)

　– 하늘색의 도시 고구려 평양

③ 918 : 왕건 고려건국

　– 918년은 (자기야)

　– 자기야 왕건이 고려를 건국했대~

④ 1883 : 태극기 사용

　– 1883년은 (큰 우유 통)

　– 큰 우유 통에 태극기를 그린다.

2 아이디, 비밀번호를 쉽게 기억·관리하자

인터넷의 각종 사이트들과 은행, 증권회사 등의 비밀번호들을 일일이 기억하고 있기란 쉬운 일이 아닙니다. 모든 사이트의 비밀번호를 같거나 비슷한 것으로 사용하시는 분들도 있지만, 마음 한구석에서는 그리 홀가분한 기분은 아닐 것입니다. 이러한 경우 자음변환법을 응용한다면 쉽고 재미있게 기억할 수 있습니다.

자음변환법은 숫자를 낱말로 변환하기도 하지만 반대로 문자를 숫자로도 변환할 수 있습니다. 예를 들면, '속독법은 너무 좋아!' 라는 문장은 'ㅅ.ㄷ.ㅂ.ㅇ.ㄴ.ㅁ.ㅈ.ㅇ'의 자음으로 구성되어 있습니다. 이러한 자음은 '73682598' 로 변환이 되는 것입니다. 이렇게 자음변환법을 잘 활용하면 비밀번호 관리가 쉬워집니다.

예]   고객ID : readingplus

비밀번호 : 73601

인증비밀번호: 73916564

위의 예제처럼 굉장히 많은 숫자들이 사용되지만, 문장으로 생각하면 기억하는데 있어서 전혀 문제가 되지 않습니다. 비밀번호는 '속독법최고' 라는 문장이고, 인증비밀번호는 '속독증권비밀번호' 라는 문장입니다. 숫자를 기억하기는 어렵지만 문장을 기억하기는 쉽기 때문이죠. 또 '소윤이 사랑' 이나 '소윤이만을 사랑해' 와 같이 자기 자신에게 익숙한 단어나 문장을 사용하면 기억의 효과는 더욱 높아질 것입니다.

그 밖에 전화번호 기억하기, 수량 기억하기 등 일상생활 속에서 사용되는 모든 숫자를 자음변환법을 사용해 기억해 보세요. 처음부터 어렵고 복잡하다 생각은 하지 말고, 꾸준한 관심을 가지면서 생활하다 보면 변환의 속도와 기억의 능력은 점점 높아질 것이고, 사고력 향상에도 많은 도움을 줄 것입니다.

DAY
08~10

세 번째 훈련

성공을 위한
독서 키워드
· · ·
속독법

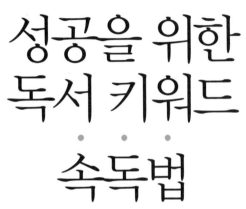

안구 훈련/기호 훈련 1줄

이번 과정은 도서의 1줄을 한 번의 시점고정이나 안구의 흐름을 통해 인지하는 과정입니다. 훈련 과정들이 1줄을 충분히 인지할 수 있도록 구성되었기 때문에 집중상태에서 꾸준한 훈련이 이루어진다면 누구든지 충분히 1줄의 목표를 이룰 수 있을 것입니다.

1 | 호흡/명상 훈련

속독 훈련은 빠른 시간에 더 많은 활자를 인지하고 판독해야 하기 때문에 심리적 안정과 주변 환경이 정리된 상태에서 진행되어야 합니다. 호흡/명상 훈련을 통해 충분한 준비를 한 후 훈련에 임하도록 합니다.

훈련
방법

1 훈련자세는 지난 단계의 훈련과 동일합니다.

2 이번 과정은 수를 세어가면서 훈련을 하도록 합니다. '하나' 하면서 크게 들이 마시고, '둘' 하면서 천천히 내쉬면서, 100까지 세도록 합니다.

3 막힘없이 부드럽게 진행되어야 하며, 어지러운 증상이 있으면 훈련을 멈추기를 바랍니다.

2 | 시점이동 훈련

프로그램에서 진행되는 시점이동 훈련은 기호나 방법의 변화는 없지만, 앞 단계보다 기호를 인지하는 속도가 좀 더 빨라졌습니다. 속도가 빨라졌다고 해도 그동안의 훈련을 통해 충분히 안구이동능력이 향상되어 있기 때문에 이번의 시점이동 훈련은 빠른 시간에 적응할 수 있을 것입니다.

1 | 프로그램 훈련 (파일명 : se3.swf)

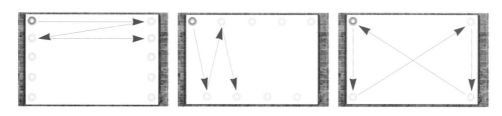

예를 들어 이번 단계의 시점이동 훈련이 시속 5Km로 진행이 된다면 1줄 기호인지 훈련은 시속 4Km의 속도로 진행이 됩니다. 더 빨리 달릴 수 있는 사람이 천천히 달렸을 경우 여유가 생기듯이, 더 빠른 속도로 진행되는 시점이동능력을 만들어 1줄 기호인지 훈련 효과를 높이도록 합니다.

방법은 전 단계의 시점이동 훈련방법과 동일하게 진행됩니다.

2 | 시점이동 훈련표

우리의 두뇌는 활자나 숫자보다는 이미지에 대한 반응속도가 더 높기 때문에 지난 과정의 훈련은 적응도가 높았을 것입니다. 지난 과정이 이미지(우뇌)를 통한 시점이동 훈련이었다면, 이번 과정은 세 자리의 숫자(좌뇌)를 발달시키기 위한 훈련입니다. 프로그램의 속도처럼 빠르게 훈련에 임하도록 하며, 기호 속에 있는 세 자리의 숫자를 정확히 인지 · 판독할 수 있어야 하는 훈련입니다.

시점이동 훈련표(좌·우)

135

694

356

015

694

587

501

712

745

823

:: 책을 바르게 잡고 상 · 하의 기호와 숫자를 빠른 속도로 인지하도록 합니다.
:: 훈련시간은 1분입니다.

821

561

835

521

816

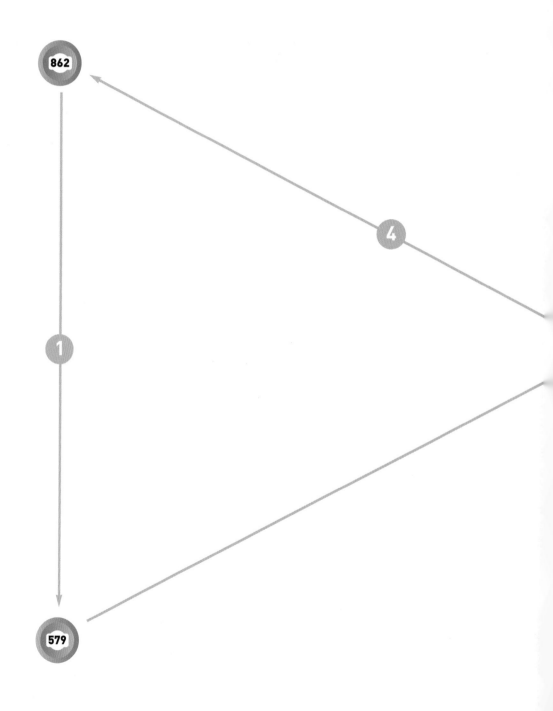

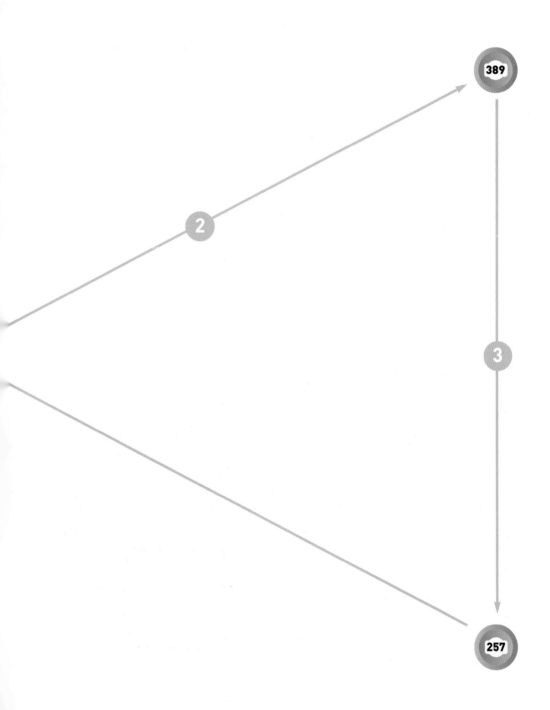

3 | 시야확대 훈련

우리들이 열심히 응원하는 축구 선수들도 주변시야를 활용하는 훈련을 많이 한다고 합니다. 축구 선수들이 패스를 할 때, 드리블하고 있는 공을 본 상태에서 주변시야를 통해 선수들의 움직임을 확인합니다. 드리블하면서 패스할 대상과 상대편 선수들의 움직임을 고개를 돌려 확인하다가는 공에 걸려 넘어지거나 헛발질을 하게 될 것입니다. 축구 선수뿐만이 아니라 빠르게 진행되는 모든 스포츠경기에서는 초점시야를 활용하는 선수보다는 간접시야를 넓게 사용하는 선수가 훨씬 유리할 것입니다. 이번 과정을 통해 여러분도 초점시야만을 활용했던 독서에서 간접시야까지 넓게 활용하는 독서를 시작하기 바랍니다.

이번 단계의 훈련은, 첫 번째 단계와 두 번째 단계에서 진행되었던 시야확대 훈련을 응용하고 완성하기 위한 훈련입니다. 주변시야를 활용해서 활자를 많이 인지해야 하는 속독 과정에서는 반드시 필요한 훈련이라고 할 수 있습니다. 지난 과정에서 훈련이 부족했던 분이라면 이번 과정의 훈련을 통해 보충할 수 있는 시기가 될 것이며, 지난 과정의 훈련 효과가 좋았던 분이라면 확실한 자기능력을 완성하기 위한 훈련이 될 것입니다.

1 | 프로그램 훈련 (파일명 : segi3.swf)

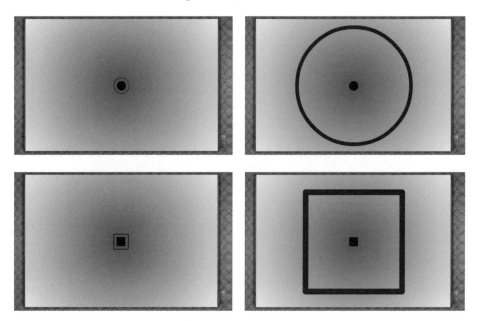

앞의 사진에서 보듯이 첫 번째 단계의 원훈련과 두 번째 단계의 사각훈련이 동시에 진행되는 훈련입니다. 그러나 원과 사각이 시간간격을 두고 나타나던 지난 과정들과 달리, 중심점에서 시작된 하나의 원과 사각이 점점 커지면서 여러분의 시야를 확대시켜 주는 훈련으로 구성되어 있습니다. 먼저 원의 훈련이 시작되며, 원의 훈련을 마치게 되면 바로 사각의 훈련으로 진행됩니다.

1 훈련자세와 방법은 전 단계의 방법과 동일합니다.

2 중심점 주변에서 원과 사각의 기호가 점점 커지기 시작합니다. 중심점을 인지하고 있는 상태에서 커지는 원과 사각의 기호를 인지하려고 노력합니다.

3 무엇보다 중요한 사실은 눈이 아프더라도 눈을 깜박이는 횟수를 줄이도록 노력해야 한다는 것입니다.

4 훈련이 끝나면 눈을 꼬옥 힘있게 감아줍니다. 눈을 감은 상태에서 안구를 시계방향과 반시계방향으로 회전한 후 눈을 뜨도록 합니다.

2 | 실전 시야확대 훈련

그동안의 훈련에서는 중심점을 인지한 상태에서 상·하로 시점을 이동하면서 색과 기호를 바라보는 훈련이 진행되었지만, 이번 과정에서는 제일 상단의 빨간색 바탕의 기호에서 시작하여, 제일 하단의 보라색 바탕까지 시점을 이동하면서 색과 기호전체를 인지하려고 노력하는 훈련입니다.

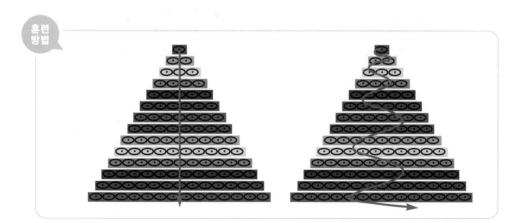

실전 시야확대 훈련

▶ 훈련시간은 3분입니다.

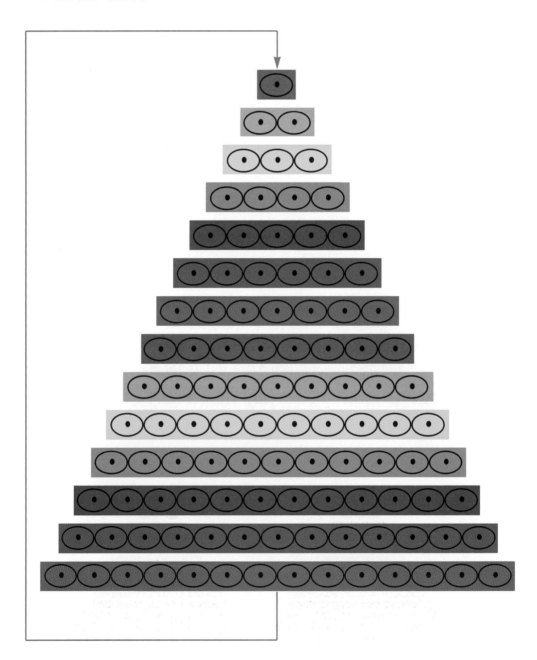

4 | 1줄 기호인지 훈련

12칸 기호인지 훈련을 바탕으로 하는 1줄의 기호인지 훈련입니다. 24개의 기호로 이루어진 1줄 전체를 한 번의 시선 고정으로 인지할 수 있으면 좋겠지만, 전체를 인지하기는 어려울 것입니다.

유유히 흐르는 강물 속에 물고기들이 헤엄치고 있습니다. 멀리서 지켜보던 독수리는 수면 위를 스치듯이 날아, 물고기 한 마리를 낚아채고 사라집니다.

위 문장을 보세요. 여러분은 1줄에서 첫 번째 시선이 고정되는 위치에서 기호를 인지할 수 있는 범위가 절반정도 될 것입니다. 첫 번째 시선고정에서 인지하고 남은 기호는, 위의 이야기와 같이 독수리가 수면 위를 날면서 먹이를 낚아채는 듯한 느낌으로 인지하시면 됩니다. 즉 한 줄을 인지하기 위해서는 좌측의 기호들을 최대한 많이 본 상태에서, 빠른 시선의 이동으로 한 줄을 인지해야 한다는 것입니다. 이 시선의 이동 폭과 시선의 빠르기에 따라 마치 1줄을 한 번의 시선고정으로 인지하는 것처럼 느껴질 수 있도록 훈련합니다.

1 | 프로그램 훈련 (파일명 : kiho1.swf)

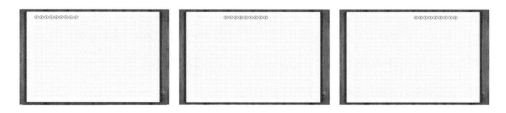

위 사진과 같이 자신이 인지할 수 있는 시야만큼 인지하고, 우측으로 빠르게 시선을 이동하는 훈련입니다. 우측으로 빠르게 시선은 이동하지만 이동하는 곳에 위치한 기호를 정확히 인지해야 합니다.

최대한 많은 기호를 인지한다.　　　　이동하는 과정에 있는 기호를 정확히 인지한다.

시선이 이동되는 위치

1　모니터의 크기에 따라 다소 차이는 있을 수 있지만 화면과 50cm 이상은 떨어져서 훈련하도록 합니다.

2　머리는 움직이지 않고 움직이는 시점에 따라 정확히 이동합니다.

3　좌측 첫 번째 기호 하나를 인지하는 것이 아니라, 자신의 능력만큼 최대한 많은 기호를 인지합니다.

4　인지된 상태의 시폭을 유지한 채 빠른 속도로 우측으로 이동합니다. 이동하는 과정에 있는 기호는 정확히 인지하도록 합니다.

5　훈련이 끝나면 눈을 꼬옥 힘있게 감아줍니다. 눈을 감은 상태에서 안구를 시계방향과 반시계방향으로 회전한 후 눈을 뜨도록 합니다.

2 | 실전 1줄 기호인지 훈련

프로그램을 통해 여러분은 1줄을 인지하는 방법을 터득하였을 것입니다. 그러나 속도에 적응하지 못하신 분, 속도에는 적응을 했지만 이동과정에 있는 기호를 정확히 인지하지 못하신 분 등 그 결과는 다양한 모습을 보이고 있을 것입니다. 계속 강조하지만 한 번의 훈련으로 모든 것이 이루어질 수는 없습니다. 속독은 훈련을 통해 자신의 능력을 개발해 나가는 과정이라는 것을 잊지 마시기 바랍니다.

실전 1줄 기호인지 훈련은 프로그램과 달리 기호 앞과 뒤에 ■가 있습니다. 좌측의 기호는 ■에서부터 시작되는 시폭이며, 우측의 기호는 시점이 아니라 시폭이 ■까지만 이동하라는 '바리게이트'와 같은 역할을 하게 됩니다.

시작되는 위치　　　　　　　　끝나는 위치

실전 1줄 기호인지 훈련

:: 책을 바르게 잡고 1줄의 기호를 시선이동을 통해 정확히 인지하도록 합니다.
:: 시선의 이동하는 과정에 있는 기호를 정확히 인지합니다.

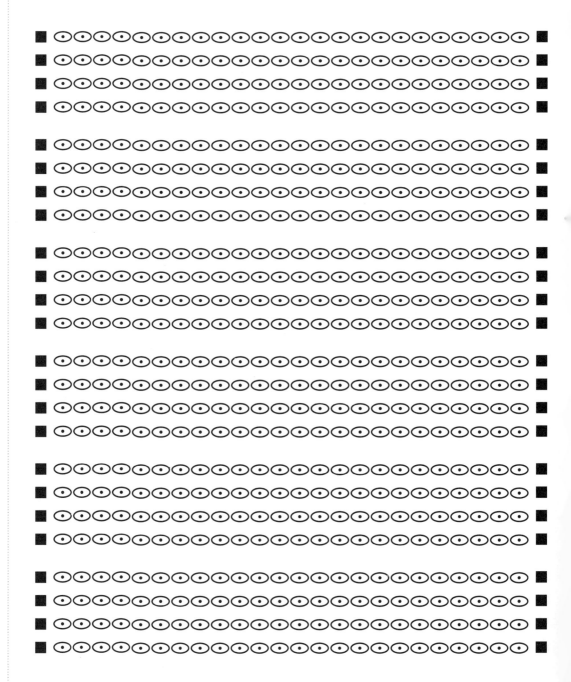

:: 훈련시간은 1회 훈련에 3분이며, 훈련할 수 있는 시간과 환경이 된다면 여러 차례의 훈련을 거듭하면 더 좋은 결과를 만들 수 있습니다.

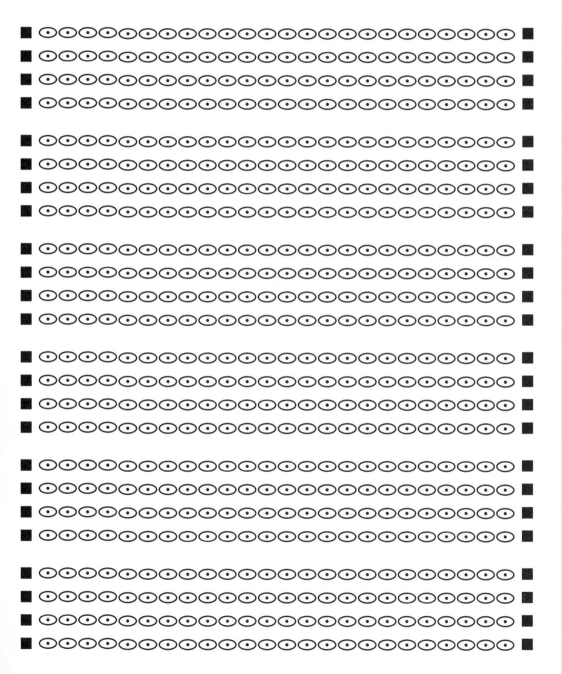

5 | 실전 1줄 문장적응 훈련

문장적응 훈련을 충분히 소화해내기 위해서 그동안 시점이동 훈련, 기호인지 훈련이 진행되었습니다. 프로그램이 시작되면 활자를 인지하는 속도가 너무 빠르다고 생각하시는 분들이 많을 것입니다. 그러나 속도가 빠른 것이 아닙니다. 시점이동 훈련과 기호인지 훈련의 속도는 거의 일치하게 제작되었습니다. 그러므로 속도가 빠른 것이 아니라, 시선의 흐름 속에서 활자를 인지하고 내용을 파악해야 하기 때문에 빠른 것처럼 느껴지는 것뿐입니다. 그래도 너무 빠르다고 느끼는 분들은 앞 단계의 훈련 성과가 충분했는지 점검한 후 훈련하기 바랍니다.

1 | 프로그램 훈련 (파일명 : ye1.swf)

시폭과 시지각 능력이 충분히 개발되어 1줄씩 인지하면서 시선이 이동하는 독서를 진행하면 좋겠지만, 지금 현재 여러분의 시폭과 시지각 능력이 1줄(24~30자) 정도를 한 번에 인지할 수 있는 능력이 부족합니다. 12줄 문장적응 훈련에서 1줄을 두 번 정도의 시선고정을 통해 인지·판독했다면, 1줄 문장적응 훈련은 발달된 시폭을 최대한 활용하여, 좌에서 우로 시선을 이동하면서 1줄을 인지·판독해야 하는 훈련입니다.

빠른 속도에서도 두뇌와 안구의 능력이 적응할 수 있도록 집중상태에서 지속적으로 훈련하도록 합니다.

2 | 실전 1줄 문장적응 훈련

이 훈련은 프로그램 상태의 속도와 능력이 그대로 적용되어야 하는 훈련입니다. 프로그램을 통해 이미 익숙해진 문장을 가지고 훈련하게 되며, 이러한 과정을 통해서 여러분의 독서능력을 발전시키게 될 것입니다. 훈련의 가장 중요한 포인트는 줄의 첫 글자를 인지한 상태에서 이동하느냐, 시폭을 최대한 활용하여 많은 글자를 인지한 상태에서 이동하느냐에 달렸습니다. 아래의 내용을 참고하여 정확한 훈련내용을 숙지하기 바랍니다. ▶훈련량 : 1일 2회

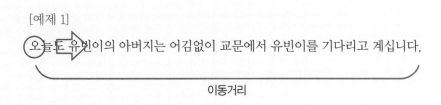

[예제 1]
오늘도 유빈이의 아버지는 어김없이 교문에서 유빈이를 기다리고 계십니다.
이동거리

▶ 시폭을 최대한 활용하지 않고, 줄의 첫 글자를 인지하고 이동하는 방법

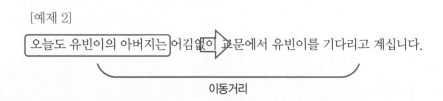

[예제 2]
오늘도 유빈이의 아버지는 어김없이 교문에서 유빈이를 기다리고 계십니다.
이동거리

▶ 시폭을 최대한 활용하여 시폭이 유지된 상태에서 이동하는 방법

위 예제를 확인한 결과 [예제 1]의 훈련법은 시선의 이동거리가 길기 때문에 안구에 부담감을 줄 수 있는 단점이 있으며, [예제 2]의 훈련법은 자신이 가지고 있는 시폭을 최대한 활용하여 이동거리를 짧게하여 효율적인 독서를 진행할 수 있는 장점이 있습니다.

:: 책을 바르게 잡고, 색이 다른 형태로 표시되어 있는 1줄을 자신의 시폭과 시지각 능력을 최대한 활용하여 인지·판독하도록 합니다.

독서왕 소윤이

(글 : 박인수 | 글자수 : 3,577자)

오늘도 유빈이의 아버지는 어김없이 교문에서 유빈이를 기다리고 계십니다.

유빈이 아버지는 종업원을 여럿 두고 있는 제법 큰 상점의 사장님이십니다.

바쁜 시간이지만 매일 그렇듯 아버지는 오늘도 유빈이를 학원에 늦지 않게

데려다 주기 위해 가게를 종업원에게 맡기고 교문 옆에 차를 대고 기다리고

있습니다.

학교 벨 소리와 함께 많은 아이들이 한꺼번에 물밀듯 교문 앞으로 밀고

나옵니다.

물론 그 아이들 틈에는 유빈이도 있습니다.

"유빈아. 자 우리 뭐 먹을까?"

"음... 햄버거!"

유빈이는 큰 소리로 이야기 합니다.

"하하하. 햄버거가 그렇게 먹고 싶었어? 그래 우리 지구상에서 가장 큰

햄버거 먹어볼까?"

유빈이도 좋은 듯 따라 나섭니다.

하지만 금세 표정이 어두워집니다.

"왜 그래? 지구상에 가장 큰 햄버거 먹다 입이 찢어질 까봐 겁나냐?

녀석 하하하.”

“아니. 아빠 그런데... 나 학원 안가면 안돼?”

“무슨 소리야? 아빠가 뭐라 했어?”

유빈이 아버지의 표정이 굳어졌습니다.

“이것도 해보고 저것도 해보고 해서 유빈이가 다른 사람들한테 뒤지지

않아야 나중에 커서 훌륭한 사람이 된다고 했잖아. 요즘 친구들 중에 학원

안 다니는 애들이 어디 있더냐? 그런 애들한테도 뒤지지 않으려면,

유빈이도 많은 노력이 필요해. 그리고 유빈이 너 혼자서 하는 것보다는

많은 학원을 다니면서 배우는 것이 훨씬 좋지! 다른 아이들은 다니고

싶어도 못 다니는 애들도 얼마나 많은데.”

유빈이는 듣고 있는 둥 마는 둥 땅만 처다봅니다.

“어? 돈이다. 아빠 나 횡재했지?”

유빈이 아버지도 풀이 죽었던 유빈이가 좋아하는 것을 보고 웃습니다.

“근데 소윤이는 학원 안다니는데 공부 잘해. 그뿐 만이 아니라 반 친구들

한테 얼마나 인기도 많은데. 진짜 부러워.”

유빈이는 자신의 이야기를
매번 그렇듯 아버지가 알아듣지
못 할 혼잣말처럼 중얼거리다 이내
입을 닫습니다.

“어? 소윤이다! 소윤아!”

유빈이가 앞서가고 있던 소윤이를
부릅니다.

“어. 유빈아.”

소윤이가 유빈이를 반갑게 맞이합니다.

“소윤이구나. 아빠는 잘 계시지?”

소윤이는 90도로 허리를 숙여 인사합니다.

"안녕하세요. 아저씨. 저희 아버지께서는 잘 계시고요. 어머니도 잘 계세요."

"호. 녀석 똘똘하게 인사도 잘하네. 아빠한테 언제 한번 만나자고 전해주렴."

소윤이는 학교가 끝나면 곧장 집으로 갑니다.

"학교 다녀왔습니다."

소윤이는 손, 발을 씻고 책장 앞으로 갑니다.

"소윤이 또 책보는거야? 착하네 우리 소윤이."

"엄마는 참~. 책이 재밌으니깐 보지. 엄마. 근데 오는 길에 우리반 유빈이를
만났거든. 언제나처럼 아빠 뒤만 졸랑졸랑 따라다니는데, 개랑은 좀처럼
대화가 안돼. 무슨 말만 했다하면 게임이야기, 아니면 혼잣말로 구시렁
거리니."

"애. 남 흉보면 안 되는거 몰라? 얼마 전에 엄마가 옆집 아줌마 흉봤다고
따끔하게 엄마한테 한 소리 해 놓구선."

"아차. 내가 그랬었지? 얼마 전에 책에서 남 흉보다가 결국은 그 사람이
어려워졌을 때 아무도 그 사람을 돌봐주지 않아 마을에서 쫓겨나는
이야기를 봤어. 내가 그 사람 꼴이 될 뻔했네. 히히."

"여보 나왔어."

"아빠!"

소윤이가 퇴근하고 돌아오신 아버지를 꼭 안아줍니다.

"허허. 내가 이 맛에 집에 들어온다니까."

"아빠. 유빈이 아빠가 아빠 보고 한 번 만나자고 하시던데."

"그래? 형님이 또 한잔하시고 싶으신건가? 하하하."

유빈이는 영어, 수학은 기본으로 매일 다니고 일주일에 3번 가는 피아노와
논술 학원을 들르고서야 집으로 돌아옵니다. 언제나처럼 유빈이는 오늘도
하루가 고달팠는지 몹시도 지쳐보이는 기색이 역력합니다.

"오! 우리 아들 왔어?"

유빈이는 어머니의 반가운 인사에 대답도 없이 힐끔 한 번 쳐다보고는 자기 방으로 들어가 버립니다.

"유빈아 밥 먹어야지."

유빈이 어머니께서 방문을 열고 들어가니 유빈이는 컴퓨터게임에 이미 빠져 있습니다.

"유빈아. 밥 먹고 해라."

유빈이는 그제야 식탁으로 향합니다.

"유빈이 오늘은 뭐 배웠어?"

"음. 엄마. 나 돈 주웠다! 봐라 이거."

유빈이는 항상 묻는 말에 바로 대답을 해주지 않습니다.

"여보 나 밥 줘!"

유빈이 아버지께서 들어오십니다.

"오늘은 많이 늦으셨네요."

"어. 오늘은 손님들이 늦게까지 있네. 오! 우리 아들 밥 먹는가? 그래 많이 먹고 건강해야지. 그래야 나중에 나쁜 놈들 혼내주지. 하하하."

밥을 먹고 유빈이는 곧장 자기 방으로 들어갑니다.

"여보. 우리 유빈이 너무 지친 것 같아요. 매일 이렇게 밤늦게까지 학원에 있다 들어오니. 학원을 몇 군데 그만두는 게 어떨까요?"

"무슨 소리야? 걱정마. 대신 주말에는 애하고 싶은 대로 두잖아. 놔두라고."

"학원 다녀와서도 게임 아니면 TV만 보니.."

"놔둬도 돼. 괜찮아. 집에서 하지 않는 대신에 학교, 학원에서 배울 거 다 배워 오잖아."

"그래도 애가 저렇게 피곤해 하니...아참! 내 정신이야. 아까 저녁에 소윤이 아빠한테서 전화 왔었어요. 내일 시간되면 보자고."

"그래? 하하하."

"어. 여기야."

유빈이 아버지가 소윤이 아버지를 반깁니다.

"형님. 죄송합니다. 차가 워낙 막혀서."

"괜찮아. 내 가게에서 만나자고 했으니, 기다리고 있는 것도 아니었지.
하하하."

두 사람은 형제나 다름없이 지내는 사이이지만 요즘 일이 바빠 서로 못 본지
꽤 되었기 때문에 서로의 이야기를 하느라 정신이 없습니다.

"아. 근데 소윤이는 학원에 안 보내나?"

"네. 무슨 일로?"

"내가 말이야. 오늘 유빈이 녀석 학교에서 소윤이를 만났는데 곧장 집으로
들어가더군. 요즘 같은 경쟁시대에 애 학원 하나쯤은 보내야 하는 거
아닌가?"

"하하. 난 또. 형님 제 생각은 다릅니다.
물론 학원 보내서 애가 많은 것을 배우면
좋죠. 하지만 저는 애에게 학원에서
일방적으로 익히는 학습보다는
책을 많이 읽힌다거나, 직접 경험을
많이 하게 하고픈 욕심이 있답니다."

"책이야 시간 나면 보는 것이지, 나중에
당장 애가 중학교, 고등학교에 들어간다고
해봐. 성적도 올려야하고, 애 학교에서
기도 죽지 말아야 하고."

"형님. 제 생각은 독서는 시간 날 때
보는 것이 아니라고 생각합니다.

"그거야 나도 알지. 그런데 그게 어디 애가 습관을 만드는거지 내가 어떻게 한다고 되나?"

"저도 처음엔 그렇게 생각했죠. 그런데 그게 아니더라고요. 저부터 변해보잔 생각으로 아내와 이야기해서 집에 있던 TV를 모두 없애 버렸습니다. 그리고 거실 한 쪽 벽면에는 책이 가득 찬 책장을 두었지요."

소윤이 아버지는 이야기를 이어갔습니다.

"처음엔 저도 제 아내도 조금 심심해했습니다. 물론 소윤이는 더 했죠. TV보고 싶다고 떼쓰기도 하고... 처음엔 제가 책을 골라 소윤이에게 주고 읽혔죠. 얇은 동화책도 이틀, 사흘 걸려 읽던 애였는데 애가 달라지기 시작하는 거예요. 이제는 스스로 책장에서 책을 골라 읽기 시작하더란 말입니다."

유빈이 아버지는 자신도 모르게 소윤이의 집 풍경이 떠올랐습니다.

"책을 읽기 시작한 아이는 세상에 호기심도 많아지고, 저희 부부에게 이것 저것 물어보기도 하면서 무엇보다 가족 간 대화가 많아지게 만들었죠. 정말 사소한 변화가 우리 가족에게 놀라운 변화를 일으키게 된 거죠."

"호기심? 그런 건 우리 유빈이도 많지. 내가 생각지 못한 엉뚱한 생각으로 난 가끔 놀라기도 한다니깐."

"형님. 그래서 독서습관이 더욱 중요하다는 것입니다. 엉뚱한 생각과 창의적 생각은 엄연히 다르죠. 왜냐하면 엉뚱한 생각은 그냥 튀어나오는 가치 없는 생각이고, 창의적인 생각은 일정한 틀 속에서 나오는 가치 있는 생각이기 때문입니다. 무엇이 가치 있고 없는가를 알기 위해서는 사실상 모든 경험을 할 수 없는 우리이기에 독서를 많이 해야 합니다. 독서를 배경으로 하지 않는 생각은 가치가 없는 엉뚱한 생각일 수 있고, 시간만 때우는 생각일 수 있다는 것입니다."

"허. 오늘 자네 왜 이리 열을 내나? 그런 거라면 안사람이 알아서 해야 하지 않나? 허헛."

"형님도 유빈이 교육에 관심이 많으시면서 그런 말씀을 다하십니까? 하하하."

"그렇지. 허허."

유빈이 아버지는 후배의 따끔한 말에 머쓱한 웃음을 지으며 창밖으로 시선을 옮깁니다.

"제가 어디 책에서 봤는데 아버지가 자녀양육에 적극적으로 참여한 경우의 자녀들은 폭력성이 적고, 지능지수가 높으며 절제력과 사회적응력이 강하다는 내용이 있더군요. 이처럼 현대사회는 과거 우리들의 아버지처럼 권위의 대상이 아닌 양육의 주체로서의 아버지 역할이 강조되고 있다 생각합니다."

"알았네. 오늘 자네를 만나길 잘 한 것 같아. 그동안 내가 잘못 생각하고 있었던 것 같아. 오늘 좋은 걸 배웠네. 자 한잔 하세."

두 사람은 두 아이의 미래를 이야기하며 뜻 깊은 시간을 보냈습니다.

집으로 돌아온 유빈이 아버지는 아이 방문을 가만히 열었습니다.

여느 때처럼 방안에는 가방이 아무렇게나 던져져 있고 집으로 돌아왔을 당시에는 깨끗했을 책상 위는 과자 부스러기로 어지러워져 있었습니다.

언젠가부터 혼잣말이 많이 늘어난 아이.

학원이 끝나고 집으로 돌아와도 여유시간을 컴퓨터, TV와 함께 하며 가족과 보내는 시간이 없는 아이.

그런 아이의 모습들을 보아오면서도 오로지 공부만 잘하면 된다는 듯 강요해 왔던 자신이 너무도 답답하게 느껴집니다.

너무 늦지 않았나 하는 생각이 들어 두렵기도 하지만 유빈이의 자는 모습을 보며, 아버지는 자신부터 변해야겠다는 굳은 결심을 합니다.

아마도 얼마 후면 유빈이의 가족도 소윤이 가족처럼 온 가족이 함께 웃으며 이야기 할 그 날이 오게 될 것입니다.

아버지의 작은 변화로 말입니다.

인지
시간

1회	분	초	2회	분	초	3회	분	초
	분	초		분	초		분	초

DAY 08~10 **133**

6 | 실전 독서훈련

실전 독서는 지난 과정의 훈련방법과는 동일하게 진행하도록 합니다. 한 줄을 인지하고 판독하는 능력적인 독서의 진행 상태라면 30분의 독서시간이면 한 권의 책을 다 읽고도 남는 시간일 것입니다.

실전 독서훈련인 만큼, 문장적응 훈련에서 진행되었던 글의 내용보다는 다소 난이도가 높을 수 있습니다. 그렇기 때문에 실전 독서훈련을 진행할 때 시선의 흐름을 동일하게 하지 말고, 중요 내용이 나오는 부분과 그렇지 않은 부분에 따라 시선이동의 속도를 조절하도록 합니다.

그 밖의 시선흐름

[예제 1]

"괜찮아. 내 가게에서 만나자고 했으니, 기다리고 있는 것도 아니었지.
하하하."
두 사람은 형제나 다름없이 지내는 사이이지만 요즘 일이 바빠 서로 못 본지

▶ 위의 구성은 3줄의 형태입니다. 하지만 둘째 줄이 짧은 내용이기 때문에, 첫째 줄에서 셋째 줄로 이동하는 순간에 인지하면 되는 것입니다.

[예제 1]

"하하. 난 또. 형님 제 생각은 다릅니다.
물론 학원 보내서 애가 많은 것을 배우면
좋죠. 하지만 저는 애에게 학원에서
일방적으로 익히는 학습보다는
책을 많이 읽힌다거나, 직접 경험을
많이 하게 하고픈 욕심이 있답니다."

▶ 위의 구성처럼 '삽화'가 있는 부분의 글은 짧게 편집이 되게 됩니다. 이러한 구성의 글은 자신의 시폭을 최대한 활용하여 위에서 아래로 시선을 이동하면서 인지·판독하도록 합니다.

07 실전 독서훈련

:: 주변 환경을 정리하고 집중된 상태에서 지금까지 훈련했던 내용을 바탕으로 빠르게 진행하도록 합니다.

:: 독서 후 생각나는 단어를 아래 50개의 칸에 적도록 합니다.

읽은 시간	분	페이지	page

내용요약   줄거리와 느낌을 간추려 적어보도록 합니다.

DAY
11~13

네 번째 훈련

성공을 위한
독서 키워드
· · ·
속독법

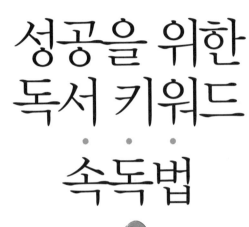

안구 훈련/기호 훈련 2줄

훈련 기간에 꼭 맞춰야 한다는 생각보다는, 훈련의 성취도에 따라 훈련 기간을 설정하기 바랍니다. 이 교재의 훈련 기간은 가장 성취도가 높게 나타났던 교육생의 훈련 일정에 의해 만들어졌습니다. 교재에 명시된 훈련 기간에 무리하게 맞추기보다는, 교재에서 알려주고 있는 속독방법이 자신의 능력으로 완성되는 시기에 맞춰 훈련 일정을 변경하도록 합니다.

문장적응 1줄 훈련을 마친 후 많은 분들이 '바쁘고 정신 없다' 는 이야기를 많이 합니다. 이러한 생각은 활자를 빠르게 인지해야 한다는 생각만 하기 때문입니다.

현재 여러분의 상황을 아래의 이야기와 비교해 보세요.

소율이는 운전할 때 시속 60km로 운전하는 사람입니다. 어느 날 너무 긴박한 일이 생겨 시속 120km로 운전을 하게 되었습니다. 평상시 운전하던 주행속도보다 빠르다 보니 운전에 대한 집중은 잘 되지만, 운전 중 실수로 인해 깜짝깜짝 놀라는 일도 자주 발생하곤 합니다. 또 자신의 능력보다 너무 빠른 속도로 주행을 하다 보니, 목과 어깨 등 온몸이 쑤시고 저려오기 시작합니다. 약속된 시간보다 한참 빨리 도착해 조금은 천천히 올 걸 후회도 해보지만, 고속도로를 주행하던 중 실수로 인한 스트레스와 장시간 경직된 운전자세로 인한 근육통까지 소율이의 얼굴은 너무 지쳐 보입니다.

지금 여러분의 모습도 소율이와 비슷합니다. 여유를 가지고 독서해도 기존에 행하던 독서능력보다 두 배 이상은 충분히 되지만, 빨리 읽어야 한다는 생각만 앞서고 있는 것입니다. 이러한 생각은 오히려 독서의 질을 떨어뜨릴 수 있습니다. 빨리 읽어야 한다는 생각보다 여유를 가지는 것이 중요하며, 이러한 여유 속에서 편안한 상태의 독서가 진행되어도 여러분의 독서능력은 2배에서 3배 이상 발전되어 있습니다.

1 | 호흡/명상 훈련

육체적 정신적으로 긴장 상태이거나 스트레스가 많은 상황이라면 이러한 문제를 해결하고 훈련에 임하는 것이 좋습니다. 이쯤 되면, 명상과 호흡이 지겹다고 느끼는 분들도 많을 것입니다. 하지만 호흡과 명상을 통해 몸과 마음이 릴랙스되지 않은 상태의 속독훈련은 성취도가 낮을 수 밖에 없습니다. '시간이 없다', '따분하다' 는 생각을 버리고 기초부터 탄탄하게 다져 훈련에 임한다고 생각하기를 바랍니다.

훈련
방법

1 훈련자세는 지난 단계의 훈련과 동일합니다.

2 눈을 감고 자신의 미래를 떠올려 보도록 합니다.
- 근무하고 싶은 직장
- 살고 싶은 집
- 가족 구성원
- 여행을 떠나고 싶은 장소
- 갖고 싶은 자동차 등

미래의 자신의 모든 모습을 하나하나 떠올려 보도록 합니다.

3 편안한 상태에서 웃음 띤 얼굴로 훈련을 합니다.

4 길게 들이마시고 길게 내쉬도록 합니다. 이때 내쉬는 호흡을 더 길게 합니다.

5 막힘없이 부드럽게 진행되어야 하며, 어지러운 증상이 있으면 훈련을 멈추기를 바랍니다.

2 | 시점이동 훈련

이동속도는 전 단계 시점이동 훈련과 같습니다. 이번 과정에서는 시점이동속도만을 높이기 위한 기호 훈련이 아닙니다. 이동하는 기호 속에 3~5자 정도의 글을 인지해야 하는 훈련입니다. 3~5자로 이루어진 단어를 연결짓게 되면, 성공명언과 관계있는 문장이 만들어지게 됩니다. 빠르게 이동하는 시점의 흐름 속에서 활자를 인지하고, 단어로 이루어진 내용을 문장으로 조합해 낼 수 있는 두뇌능력까지 필요한 훈련입니다.

1 | 프로그램 훈련 (파일명 : se4.swf)

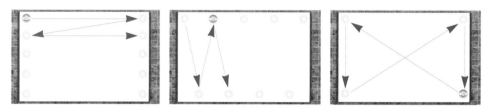

▶ 프로그램의 속도와 이동방향은 전 단계와 동일하게 진행됩니다.

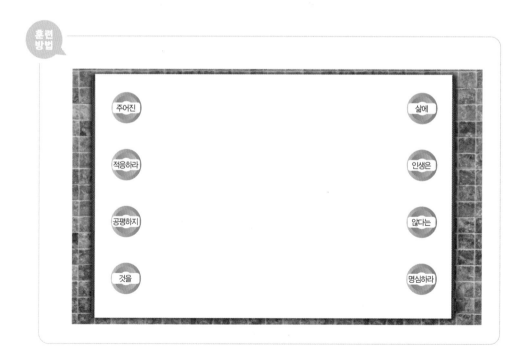

앞의 이미지와 같이 기호 속에 단어가 적혀 있습니다. 안구 이동방향에 따라 차례대로 단어를 조합하면, 첫 번째의 문장은 '주어진 삶에 적응하라' 두 번째의 문장은 '인생은 공평하지 않다는 것을 명심하라' 입니다.

빠른 안구의 흐름 속에서 단어를 인지하고 판독·조합하여 하나의 문장 의미를 파악해야 합니다.

전 단계의 이동속도와 같기 때문에 훈련을 접하게 되면 속도에 따른 단어를 인지하는 데는 문제가 없을 것이지만, 두뇌가 조합하는 능력은 속도에 미치지 못할 것입니다. 여러 번의 반복훈련을 통해 두뇌에 정보처리에 대한 자극을 주어야 하며, 이러한 연속적인 과정을 통해 두뇌의 조합능력이 형성될 수 있도록 해야 합니다.

아래의 명언이 시점운동에 사용된 내용입니다. 충분히 읽어본 후 시점이동 훈련 시 참고하기 바랍니다.

1 | 주어진 삶에 적응하라.

2 | 인생은 공평하지 않다는 것을 명심하라.

3 | 적응한 자만이 살아남는다.

4 | 적극적인 마음자세를 소유하라.

5 | 자신의 단점에 도전하라.

6 | 성공은 절대 운명의 장난이 아니다.

7 | 성공은 자아실현의 욕구가 성취될 때이다.

8 | 나태는 성공의 적이다.

9 | 자신의 창의성을 적시적소에 활용하라.

10 | 머뭇거리지 말고 목표를 향해 달려가라.

11 | 오늘 이 시간에 할 일을 절대 미루지 말라.

12 | 목표를 세분하여 순차적으로 도전하라.

13 | 자신을 통제하는 습관을 길러라.

14 | 나쁜 습관을 빨리 과감히 버려라.

15 | 작은 일도 소홀히 여기지 말라.

16 | 평범한 것이 큰 일을 이룬다.

17 | 큰 일이든 작은 일이든 시종일관 충실하라.

18 | 실패에서 교훈을 배워라.

19 | 실수를 교훈으로 삼아라.

20 | 잘못했을 때 과감히 인정하라.

21 | 남을 의지하는 생활방식은 버려라.

22 | 자발적인 힘으로 전진하라.

23 | 기회란 그리 많지 않음을 명심하라.

24 | 좋은 기회는 평생에 한번 뿐일 수도 있다.

25 | 시간낭비는 인생 최대의 실수다.

26 | 시간관리를 위해 계획을 수립하라.

27 | 배움은 우리 삶의 우선적 요소이다.

2 | 시점이동 훈련표

프로그램과 같은 속도가 이루어질 수 있도록 꾸준히 반복 훈련합니다.

:: 책을 바르게 잡고 좌 · 우측의 단어를 인지하여 문장을 조합하도록 합니다.

:: 반복 훈련을 통해 빠른 조합능력을 형성하도록 합니다.

:: 훈련시간은 3분입니다.

삶에

인생은

않다는

명심하라

자만이

적극적인

소유하라

시점이동 훈련표(상·하)

 자신의

 도전하라

 절대 운명의

 아니다

 단점에

 성공은

 장난이

자아실현의   성취될   나태는   적이다

 성공은   욕구가   때이다   성공의

PRACTICE

03 시점이동 훈련표(대각선)

:: 책을 바르게 잡고 대각선의 단어를 인지하여 문장을 조합하도록 합니다.
:: 반복 훈련을 통해 빠른 조합능력을 형성하도록 합니다.
:: 훈련시간은 3분입니다.

3 | 시야확대 훈련

그동안 진행되었던 시야확대 훈련과 달리 이번 과정에서는 좌·우측 안구에 대한 시야를 따로 확장하는 훈련이 진행됩니다. 하나의 중심점을 두고 훈련을 진행하던 상황보다 더 넓은 범위의 시야가 확대될 것이며 이를 바탕으로 좌·우 안구가 인지하는 활자의 범위가 훨씬 넓어지게 됩니다.

1 | 프로그램 훈련 (파일명 : segi4.swf)

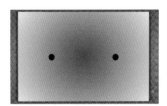 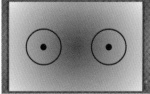 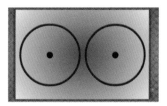

위의 사진처럼 중심점이 두 개가 나타나게 됩니다. 좌측의 중심점은 좌측의 눈으로, 우측의 중심점은 우측의 눈으로 인지하도록 합니다. 그동안 가운데에 있는 중심점에 초점을 맞추고 훈련을 진행하던 상황과 달리 시작부터 안구가 떨어져 있다고 느껴질 것입니다. 두 개의 중심점과 주변의 큰 원을 정확히 인지하지 못하더라도 지속적으로 훈련에 임해야 합니다. 두 개의 원을 바라보는 것만으로도 활자를 인지하는 시야에는 많은 변화가 생기게 됩니다.

1 좌측의 중심점은 좌측의 눈으로, 우측의 중심점은 우측의 눈으로 인지합니다.

2 각기 중심점을 바라보는 시점이 이동되거나 흔들리더라도 원래의 위치로 돌아가려고 노력합니다.

3 훈련이 끝나면 눈을 꼬옥 힘있게 감아줍니다. 눈을 감은 상태에서 안구를 시계방향과 반시계방향으로 회전한 후 눈을 뜨도록 합니다.

2 | 실전 시야확대 훈련

▶ 상단의 작은 기호부터 인지하기 시작하며, 두 개의 중심점과 주변의 원을 인지할 충분한 능력이 된다고 생각하면 아래의 기호로 내려가도록 합니다. 훈련시간은 3분입니다.

실전 시야확대 훈련

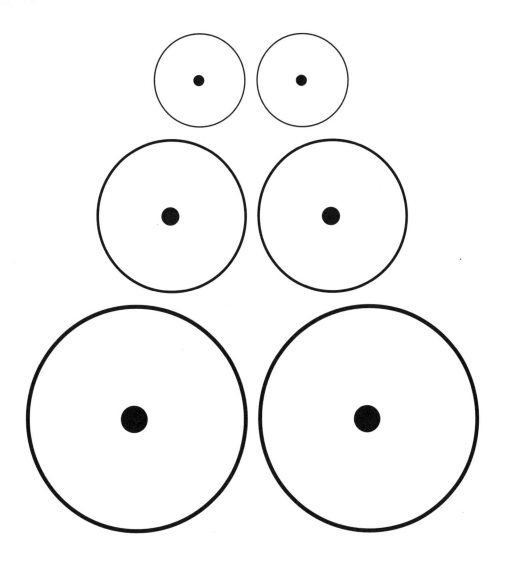

4 | 2줄 기호인지 훈련

이번의 훈련부터는 개인별로 다양한 형태의 안구흐름 속에서 활자를 인지하고 판독하는 과정이 진행됩니다. 처음의 훈련부터 똑같이 출발했지만 개인의 성향과 능력 그리고 발전정도에 따라 다양한 형태로 발전이 된다는 것입니다.

다양한 형태로 발전이 되더라도 어느 것이 좋고 나쁘다고 말할 수는 없습니다. 어느 형태로 발전이 되더라도 여러분의 독서능력은 지금의 모습보다는 더 발전을 보일 것이기 때문입니다.

1 | 프로그램 훈련 (파일명 : kiho2.swf)

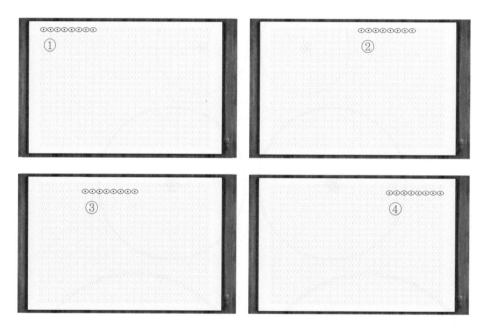

①에서 시작한 안구의 흐름이 ②로 이동을 합니다. 첫 번째 줄은 ②와 같이 끝까지 진행되지 않아도 여러분의 충분한 주변시야 능력발달에 의해 나머지 기호를 인지할 수 있습니다. 다음 ③으로 이동하는데 두 번째 줄의 첫 기호가 아니라, ③의 위치에서 시작합니다. ③의 위치에서 시작해도 여러분의 시야는 앞의 기호를 충분히 인지할 수 있습니다.

이러한 훈련의 목적은 여러분의 주변시야를 최대한 활용하여 안구의 이동거리를 최대한 짧게 하기 위한 것입니다. 안구의 이동거리가 짧아진다는 것은 안구에 대한 부담을 덜어주게 되고, 짧게 이동되는 만큼 독서의 속도가 높아지게 됩니다.

시선이 이동되는 위치

훈련방법

① 모니터의 크기에 따라 다소 차이는 있을 수 있지만 화면과 50cm 이상은 떨어져서 훈련하도록 합니다.

② 첫 번째의 줄은 충분히 시야가 확보된 상태에서 슬라이딩하듯이 우측으로 밀도록 합니다. 단, 첫 줄의 끝까지 이동하지 않고 2/3지점까지만 이동합니다. 두 번째 줄은 1/3지점에서 시작하여 2/3지점까지만 이동합니다.

③ 자신의 시야를 최대한 활용하여 안구의 이동거리가 짧게 형성되도록 합니다.

④ 훈련이 끝나면 눈을 꼬옥 힘있게 감아줍니다. 눈을 감은 상태에서 안구를 시계방향과 반시계방향으로 회전한 후 눈을 뜨도록 합니다.

2 | 실전 2줄 기호인지 훈련

프로그램의 훈련내용은 1줄 훈련에서 발전된 내용이기 때문에 쉽게 적응할 수 있을 것입니다. 하지만 2줄 기호인지 훈련부터는 개인의 성향과 능력에 따라 기호를 인지하는 방향이나 방법들이 서로 달라지게 됩니다. 프로그램에서 진행했던 방법이 아닌 두 가지의 방법을 제시하도록 하겠습니다. 이 두 가지 방법을 모두 훈련해 보고, 자신에게 가장 맞는 방법이 무엇인지 판단하고 결정을 하도록 합니다. 한 번 훈련방법이 결정되면 계속해서 같은 방법으로 진행해야 합니다.

훈련 1

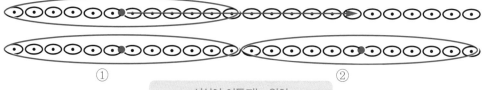

시선이 이동되는 위치

프로그램에서 훈련했던 방법을 응용한 훈련입니다. 첫 번째 줄은 프로그램에서 훈련한 방법과 같이 진행되며, 두 번째 줄에서는 ①의 위치는 좌측 안구에 힘을 줘서, ②의 위치는 우측 안구에 힘을 줘서 빠르게 인지하면 됩니다. 마음속으로 '쭈욱~따닥' 하면서 훈련을 하도록 합니다.

훈련 2

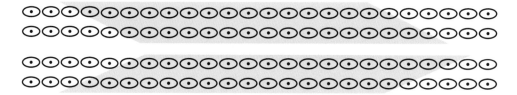

시선이 이동되는 위치

발달된 초점시야와 주변시야를 충분히 활용하는 훈련입니다. 위의 그림과 같이 첫 번째 두 줄은 좌측에서 우측으로 진행되는 사선방향으로 두 줄 전체를 인지하며, 두 번째 두 줄은 우측에서 좌측으로 진행되는 사선방향입니다. 슬라이딩하듯이 줄을 인지하는 안구의 이동이 아니라 한 번의 시야를 통해 두 줄 전체를 인지해야 하며, 개인의 능력에 따라 사선의 각도는 달라질 수 있습니다.

충분한 시야가 확보된 상태에서 진행되기 때문에 안구의 움직임이 적어 눈에 피로가 적으며, 속도 역시 가장 높게 나타나는 훈련방법입니다.

실전 2줄 기호인지 훈련

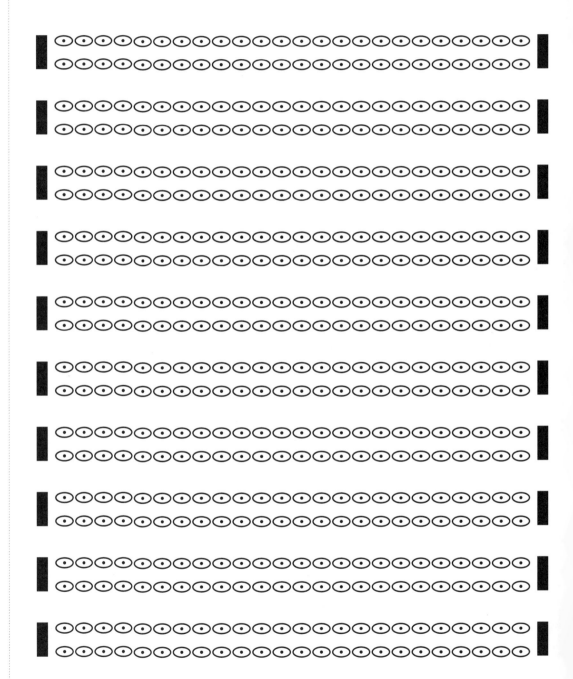

:: 훈련시간은 1회 훈련에 3분이며, 훈련할 수 있는 시간과 환경이 된다면 여러 차례의 훈련을 거듭하면 더 좋은 결과를 만들 수 있습니다.

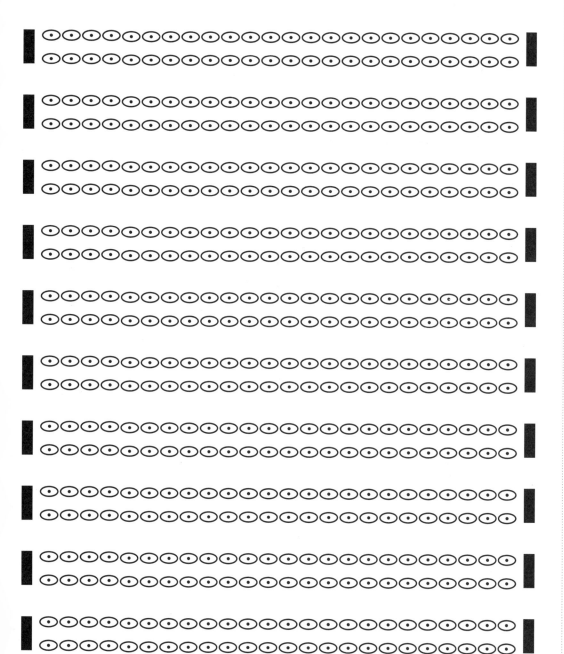

5 | 실전 2줄 문장적응 훈련

2줄 기호인지 훈련을 통해서 여러분들은 활자를 인지하는 방법을 훈련하였습니다. 자신에게 가장 능률적이고 적합한 방법을 선택했을 것으로 생각합니다.

이번 과정에서는 2줄 기호인지 훈련에서 진행했던 방법을 토대로 활자를 인지하는 훈련입니다. 활자를 인지하는데 있어서 기호 훈련에서 진행했던 방법을 똑같이 사용해야 한다는 생각보다는 밑바탕을 기호인지 훈련에 두도록 하며, 활자를 인지하는데 있어서는 글의 내용에 따른 유연성을 발휘하기 바랍니다.

1 | 프로그램 훈련 (파일명 : ye2.swf)

그동안의 문장적응 훈련과 달리 2줄에서는 프로그램의 모션은 없으며, 2줄만을 표시해 주는 정도입니다. 개인의 시폭과 안구이동 그리고 훈련방법이 다를 수 있기 때문에 2줄을 표시해 주는 정도로 프로그램이 제작되었으며, 표시된 2줄을 따라 자신이 훈련했던 방법을 적용해 2줄의 문장에 적용하기 바랍니다.

그동안 우뇌보다는 좌뇌작용을 더 많이 활용하는 독서를 진행했던 분들은 이번 과정에서 약간의 어려움을 겪을 수도 있습니다. 그렇지만 지금부터는 좌뇌만을 작용하는 독서에서 벗어나, 우뇌와 좌뇌를 함께 작용하는 전뇌 독서가 진행되어야 합니다.

2 | 실전 2줄 문장적응 훈련

기호 훈련과 달리 문장적응 훈련은 글의 구성에 따른 유연성이 필요합니다. 2줄 전부가 기호로 구성된 기호 훈련과 달리 문장의 구성과 책의 편집에 따라 다양한 형태의 모습을 보이게 됩니다. 이런 다양한 형태 속에서 여러분은 꼭 2줄만을 보아야 한다는 생각에서 벗어나, 그동안 배웠던 모든 방법들을 문장적응 훈련에 적용해야 합니다.

▶ 훈련량 : 1일 2회

문장적응 예

자신이 평소 작성해 오던 복습노트를 꺼낸 소윤이는
오늘 학교에서 수업했던 내용을 되새기며 다시 한 번
정리했습니다.
수업시간에 열심히 집중해서 들었던 터라 정리할
내용들이 교과서와 소윤이의 머리 속에 차곡차곡 정리
되어 있었습니다.
소윤이는 자신만의 복습노트를 만드는 이 시간이 너무
즐겁습니다.
수업시간 들었던 중요한 내용을 떠올리는 것은 물론
이고, 선생님께서 들려주신 재미있는 이야기도 함께
떠올릴 수 있기 때문입니다.
소윤이가 복습을 마치고
부엌으로 갔습니다.
엄마께서는 평소 소윤이가
좋아하는 고등어조림과 함께
버섯무침을 저녁 식탁에
올리셨습니다.
열심히 공부하느라 배가
고팠던 소윤이는 맛깔스러운
음식을 꼭꼭 깨물어 먹습니다.

1줄의 길이가
짧기 때문에
시폭을 활용해
내려오면서
인지하도록
합니다.

실전 2줄 문장적응 훈련

:: 책을 바르게 잡고, 색이 다른 형태로 표시되어 있는 글자를 초점시야와 간접시야를 활용해 인지하도록 합니다.
1일 2회씩 훈련하고 시간을 기록하도록 합니다.

대장장이 김씨

(글 : 박인수 | 글자수 : 1,615자)

뜨거운 대장간.

땀 흘리는 사람들.

이곳에 철을 두드리며 평생을 대장간에 바친 김씨가 있습니다.

그는 창, 갑옷 등 무기뿐만 아니라, 고가의 예술 작품까지도 정교하게

만드는 사람이었습니다. 또한 그는 솜씨뿐만 아니라 마음까지 고운

사람이었습니다.

남는 철로 이웃 사람들에게

낫이며, 호미며 필요한 물건을

만들어 주었으며

그 마을을 지나가는 거지에게도

못 쓰게 된 철을 모아 숟가락이라도

만들어주는 그였습니다.

그런 김씨에게는 무예가 뛰어난

장성한 아들이

하나 있었습니다.

"아휴. 이제 이 일은 힘들어서 못 하겠어. 이제 그만 하고 쉬어야겠네."

김씨는 이제 노쇠하여 일을 그만 두고 싶은 생각이 굴뚝같았지만 밀린

세금을 장만하려면 이 대장간을 떠날 수가 없었습니다.

"거 계신가?"

"어서 오십쇼. 뭘 찾으십니까?"

"사또께서 보내서 왔네. 김씨 있나?"

"네. 제가 그 사람입니다만......."

"사또의 명을 받들어 왔네. 자네의 착한 심성으로 자네의 이름이 조선

전역에 퍼져 이 고을을 빛냈으므로 마지막 이 물건을 만들면 자네의 밀린

세금을 모두 면해 주는 것은 물론 평생 부쳐 먹을 땅도 주신다는 명일세."

"네?"

김씨는 깜짝 놀랐습니다.

"저같이 보잘것없는 놈에게 그런 은혜를......."

"자, 이것을 받게."

김씨는 사또의 전령이 담긴 편지를 받아 보았습니다.

다름 아닌 검이었습니다.

황금으로 장식을 한 손잡이와 용문양이 들어간 칼날.

검을 든 사람의 위용만으로도 적이 기겁을 하고 도망갈 정도로 웅장하면서

화려함을 간직한 검이었습니다.

아무리 생각해도 특별한 이유가 있어 만드는 검인 것 같았지만 전쟁터에서

쓰여질 검은 아닌 것 같았습니다.

"이거 시간이 꽤나 걸리겠는데요."

"어째 한 달 안에 가능하겠는가?"

"그 정도면야."

김씨는 거절할 수가 없었습니다.

'이제 이것만 만들면 이 생활도 끝이다. 정들기는 했지만 모든 빚도
없어지고, 평생 붙여먹을 땅도 생긴다니 이 뜨거운 가마에 다가가지 않아도
되고, 쇳가루 마시며 살지 않아도 된다. 자식 녀석도 그 무예실력을 썩힐
필요 없이 한 달 후에 있을 과거시험도 보게 하고. 나도 이제 늙었지 않은가.
그래 이제 쉬어야지.'
김씨는 빨리 검을 완성시키고 이 생활에서 벗어나고 싶었습니다.
그래서 재료를 대충 썼습니다. 틀도 대강 만들고 금도 깨끗하게 걸러내지
않았습니다.
겨우 겉보기에만 그럴싸한 검을 만들었습니다.
이제 사또와 약속한 한 달이 되었습니다.
겉으로 보기에는 아름답고 화려해 보이고 무엇이든 벨 수 있을 것만
같았지만 그 검은 실상 금방 부러질 것이 틀림없었습니다.

한 달 후 김씨의 아들은 무과시험에 합격해 벼슬을 하게 되었습니다.
하지만 기쁨도 잠시
얼마 후 전란이 일어났습니다.
외적이 침입해 조선 전역을 휩쓸고 노략질을 일삼았습니다.
김씨는 아들이 걱정됐습니다.
'우리 아들 제발 다치지 말고 가는 곳마다 승리하게 해주십시오.
하나뿐인 내 아들 제발...'
김씨는 빌고 또 빌었습니다.

"아이고 영감!"
"무슨 일 인가?"
김씨는 불길한 예감이 들었습니다.
"우리 아들이...우리 아들이..."

김씨의 부인은 넋이 나간 듯 했습니다.

'우리 아들이 뭐...'

마을 입구에 전사자들의 시체가 들어오고 있었습니다.

김씨는 버선발로 뛰어 나갔습니다.

그 곳엔 차갑게 식어버린 아들의 주검이 있었습니다.

"아이고. 아이고."

여기 저기 통곡하는 소리가 울려 퍼졌습니다.

김씨는 아들의 시신을 부둥켜안고 울기 시작했습니다.

김씨의 아들 손에는 부러진 검이 들려있었습니다.

고을 이방이 김씨에게 다가왔습니다.

"내가 큰 실수를 했네."

이방은 김씨에게 말했습니다.

"그때 난 자네 아들이 무예가 뛰어나다는 것을 알고 있었지. 자네의 아들이
무과에 합격하면 아버지의 뛰어난 대장솜씨와 착한 심성을 잊지 말라는
뜻으로 세상에서 가장 강하고 어떠한 적이라도 단숨에 베어버리는 자네가
만든 검을 자네 아들에게 주면 좋겠다고, 그러면 김씨 자네도 좋아할
것이라고 사또께 아뢰었지. 사또께서는 이 고을의 자랑인 자네를 위해서
무슨 일이라도 해주고 싶어 하셨다네. 자네의 아들이 무과에 합격하자마자
자네의 검을 사또께서 직접 한양까지 가지고가 자네 아들에게 주었다네.
그런데 그 검이... 그 검이..."

이방은 말을 끝까지 잇지 못했습니다.

김씨는 아들을 부여잡고 울기만 했습니다. "아들아! 미안하다. 내 아들아!"

인지 시간	1회	분	초	2회	분	초	3회	분	초
		분	초		분	초		분	초

6 | 속발음(묵독) 극복하기

옛날 우리의 선비들은 글공부를 할 때 큰소리를 내어서 읽는 음독을 많이 하였습니다. 그러나 활자가 발달하고 읽을거리가 점점 많아지면서 음독보다는 문장단위나 의미 위주로 읽는 묵독(속발음)에 바탕을 둔 독서를 많은 사람들이 진행하고 있습니다.

음독이나 묵독은 모두 우리의 발음기관을 활용한 독서를 진행합니다. 발음기관을 활용한 독서는 아무리 빨리 읽어도 초당 20자를 넘기지는 못하지만, 시각적 경로와 청각적 경로가 통해 함께 처리되기 때문에 내용의 이해는 높을 수 있습니다. 하지만 속독을 통한 독서능력을 높이는데 있어서는 분명 장애물이 될 수밖에 없습니다.

많은 사람들이 속발음을 없앨 수 있는 방법이 없느냐는 질문을 합니다. '혀를 살짝 깨물어라', '혀를 입천장에 대고 독서해라', '음~하는 진동소리를 내고 독서해라' 등 여러 가지 방법을 제시했지만 근본적인 원인이 제거되지 않고서는 아무 변화도 없었습니다.

속발음은 자연스러운 과정을 통해 해결해야 합니다. 속발음을 하고 싶지 않은데 계속하게 되는 이유는 활자를 읽어가는 속도가 느리기 때문이므로, 음독이나 묵독상태에서 발음기관이 발음을 할 수 없을 정도로 빠르게 독서를 진행하면 됩니다. 오랫동안 속발음을 통한 독서를 진행했던 분들은 속발음을 하지 않으면 불안하기도 하고 이해가 잘 되지 않는다고 하지만 습관과 방법만 고치면 누구든지 가능합니다.

절대 속발음을 하지 말아야 한다는 생각보다는, 중요단어나 핵심문장은 해도 된다는 생각으로 속독을 진행하면 더 효과적인 속독이 될 것입니다. 그리고 이러한 과정을 통해 속발음은 점차 퇴화되어 갈 것입니다.

앞의 도표처럼 우리의 독서는 변화를 가져와야 합니다. 내가 할 수 있을지 걱정이 될 수도 있지만 우리의 두뇌는 새로운 방법에 금방 적응하게 될 것입니다. 눈으로 인지하는 활자의 양을 많게 하고 활자를 인지하는 속도를 빠르게 하면, 속발음은 자연스럽게 퇴화

될 수 있다고 믿는 것이 중요합니다.

여러 번 거듭 말하지만 속독능력 완성에 가장 중요한 포인트는 일정 시간 동안 꾸준히 진행되는 훈련에 있습니다. 다음에 제시되는 Double reading 훈련이 여러분의 속발음을 퇴화시키는 중요한 역할을 하게 될 것입니다.

Double Reading

글자를 인지하고 두뇌의 빠른 의미 처리를 위해서 진행되는 훈련입니다. 즉, 속발음을 줄이거나 퇴화시키기 위해 진행되는 훈련이므로 훈련 내용을 정확히 숙지한 후 훈련에 임하기를 바랍니다.

1-1	1-2	2-1	2-2	3-1	3-2
17 page	20 page	34 page	39 page	56 page	65 page

Double Reading 기록표

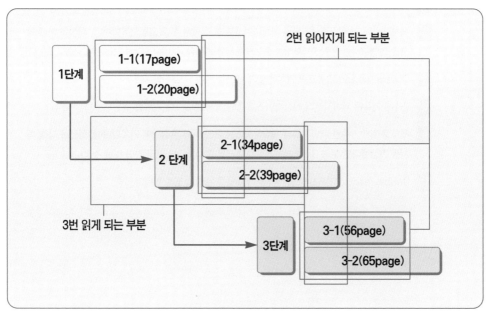

Double Reading 진행상황표

앞의 표를 자세히 살펴보면 두 번 읽게 되는 곳도 있고, 세 번 읽게 되는 곳도 있습니다. 발음이 없는 상태에서 활자를 인지하는 속도를 빠르게 진행하기 때문에 처음에는 두뇌의 의미 처리에 문제가 발생하기 때문에 두뇌의 적응훈련이 필요합니다. 빠른 속도로 한 번 읽은 내용을 다시 한 번 읽음으로써 두뇌의 자극을 통해 의미 처리가 가능하게 하는 것입니다. 이러한 훈련을 반복하여 진행하게 되면 어느 순간부터 두뇌의 의미 처리 능력 강화로 인해 두 번 읽게 되는 번거로움은 사라지게 될 것이며, 속발음이 없는 자연스러운 독서가 진행될 것입니다.

훈련
방법

1 독서시간은 5분씩 진행됩니다.

2 본문을 처음부터 읽기 시작해서 5분이 되었을 때의 페이지를 1-1칸에 기록합니다.

3 다시 본문을 처음부터 읽기 시작해서 3분이 되었을 때의 페이지를 1-2칸에 기록합니다. 1-1 보다는 1-2가 독서를 진행한 페이지의 양이 많을 것입니다.

4 Double reading 기록표의 양식에 맞게 내용을 채워 넣도록 합니다.

5 1-1에 기록된 페이지부터 시작하여 5분 동안 독서 후 2-1에 기록합니다.

6 재차 1-1에 기록된 페이지부터 시작하여 5분 동안 독서 후 2-2에 기록합니다. 최선을 다해 독서를 진행했다면 분명 2-1보다는 2-2가 독서를 진행한 페이지의 양이 많을 것입니다.

7 Double reading 기록표의 양식에 맞게 내용을 채워 넣도록 합니다.

8 2-1에 기록된 페이지부터 시작하여 5분 동안 독서 후 3-1에 기록합니다.

9 재차 2-1에 기록된 페이지부터 시작하여 5분 동안 독서 후 3-2에 기록합니다. 최선을 다해 독서를 진행했다면 분명 3-1보다는 3-2가 독서를 진행한 페이지의 양이 많을 것입니다.

10 Double reading 기록표의 양식에 맞게 내용을 채워 넣도록 합니다.

7 | 실전 독서훈련

커리큘럼의 훈련 일정 기간에 따라 훈련이 잘 진행되었던 분들이라면 지금쯤 2주 정도 지난 시기일 것입니다. 그동안 지금까지 접하지 못했던 다양한 형태의 훈련을 통해 여러분의 독서능력은 빠르게 발전하고 있을 것입니다. 자, 이제 처음 진행되었던 6자 문장적응 훈련으로 돌아가서 예전에 훈련했던 방법대로 다시 한 번 훈련을 하고 난 후, 글을 계속해서 읽어주시기 바랍니다.

아무것도 모른 상태에서 6자 문장적응 훈련을 했을 때와 지금의 느낌이 어떠합니까? 처음에 진행되었을 당시보다 한층 여유롭고 더 빨리 글이 읽혀지지는 않습니까? 만약에 그렇다면 여러분의 독서능력은 매우 많은 발전을 보이고 있는 것입니다.

군대의 신병훈련소에서는 훈련을 받기 때문에 찢어지고 다 낡은 훈련복을 지급 받게 됩니다. 훈련복을 지급 받고 나서 제일 먼저 했던 기억이 찢어진 훈련복을 수선하는 일이었습니다. 사회에서는 세탁소에서 그 일을 대신 해주지만 군대라는 특수한 환경에서는 자신이 직접 수선해야만 했습니다. 바느질도 한번 해보지 않은 훈련병들은 옆의 동기들을 통해 기본적인 바느질을 배워 찢어진 훈련복을 수선하게 됩니다. 하루하루 훈련일정이 지나면서 훈련복을 다시 수선해야 하는 일이 자주 발생합니다. 바느질도 한번 해보지 않았던 훈련병들이 어떻게 하면 더 튼튼하고 깨끗하게 되는지 다양한 형태로 응용했습니다.

여러분은 6자부터 시작하여 2줄까지 총 4개의 비밀병기를 사용할 수 있는 능력을 가지고 있습니다. 여러분은 이 4개의 비밀병기를 응용하여 자신만의 능력적인 안구흐름 속에서 독서가 진행되어야 합니다.

빠른 시간에 많은 활자를 인지한 만큼 두뇌는 더 빠른 판독작용을 하게 됩니다. 여러분의 독서속도가 높아지면 높아질수록 두뇌가 판독해야 하는 양은 많아지게 되며, 이러한 실전 독서훈련이 반복될수록 두뇌는 점차 여러분의 독서속도에 적응을 하게 될 것입니다. 바로 이때 적응한 독서속도가 자신의 독서능력이 되는 것입니다.

앞서 제시되었던 Double reading 훈련 방식과 훈련 양식에 맞춰 매일매일 꾸준히 진행하도록 합니다.

실전 독서훈련

◆ 도서 내용

읽 은 책	
지 은 이	

◆ Double Reading 페이지 기록

1-1	1-2	2-1	2-2	3-1	3-2

1-1과 1-2의 훈련을 마친 후 내용을 기록하도록 합니다.

언제 _____

어디서 _____

누가 _____

무엇을 _____

어떻게 _____

왜? _____

POINT

:: 주변 환경을 정리하고 집중된 상태에서 지금까지 훈련했던 내용을 바탕으로 빠르게 진행하도록 합니다.

:: Double reading 방법을 적용해 훈련에 임하도록 합니다.

:: 독서시간은 5분씩 진행됩니다.

2-1과 2-2의 훈련을 마친 후 내용을 기록하도록 합니다.

언제

어디서

누가

무엇을

어떻게

왜?

3-1과 3-2의 훈련을 마친 후 내용을 기록하도록 합니다.

언제

어디서

누가

무엇을

어떻게

왜?

8 | 성취도 테스트

커리큘럼의 일정대로 진행이 되었다면 여러분의 훈련은 2주가 지난 시점일 것입니다. 바쁜 일정 속에서 지금까지 훈련을 지속해주신 여러분 모두 능력의 발전과 다음 훈련을 진행하기 위한 초석을 마련하는 계기가 되었을 것으로 생각합니다.

이번 테스트는 속독 훈련 전과 지난 과정, 이번의 과정을 비교 · 점검하여 자신의 발전을 확인하는 과정입니다. 자신의 발전사항을 점검하고, 발전되고 있다는 사실을 알게 됨으로써 다음 훈련의 동기를 부여하기 위하여 진행되는 과정이라고 할 수 있습니다.

지금까지 최선을 다해 훈련한 여러분의 능력이 좋은 결과로 나타나기를 바랍니다.

1 | 독서시간

주변 환경을 정리한 후 깊은 심호흡을 하도록 합니다. 한 권의 책을 평소에 자신의 독서능력으로 전부 읽도록 합니다. 한번 읽기 시작하면 멈추지 말고 끝까지 읽도록 합니다.

1	총 페이지	페이지
2	독서시간	분 초
3	1페이지당 줄 수	줄

| 한 줄 독서시간 | 초 |

▶ 테스트 후 지난 과정의 독서능력과 비교하는 시간을 꼭 갖도록 합니다.

2 | 내용파악능력

▶ 독서 후 내용을 생각하면서 아래에 제시된 빈 칸을 채워 보세요.

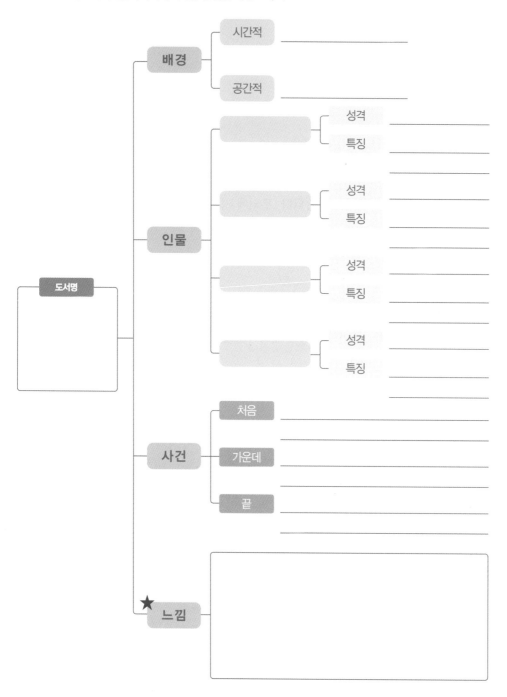

★ 다음 14일의 훈련은 교재와 프로그램 훈련보다는 지금까지 훈련했던 내용과 방법을 바탕으로 실전 독서에 적용하는 훈련을 하도록 합니다.

마인드 맵

1 | 마인드 맵이란?

마인드 맵은 생각의 그물과도 같습니다. 두뇌에 저장되어 있는 모든 정보와 지식들을 핵심단어, 색깔, 가지, 이미지, 상징적 부호 등을 사용하여 독창적인 방식으로 조직화하여 표현한 것을 말합니다.

2 | 마인드 맵 구조

1 중심 이미지 그리기 : 종이의 중앙에 제목이나 주제를 뜻하는 이미지를 그립니다. 글로 표현해도 상관없습니다.

2 주가지 만들기 : 주제와 직접 관련된 중요한 것을 그립니다. 처음은 굵게 끝은 가늘게 그리도록 합니다.

3 부가지 만들기 : 주가지 다음에 연결되는 곡선이며, 부 주제와 관련된 내용을 그립니다.

4 세부가지 만들기 : 세부적인 사항들을 작성하는 곳입니다. 부 주제에 대한 정보를 더욱 상세하게 알려주는 내용이며, 가지 수는 무제한입니다.

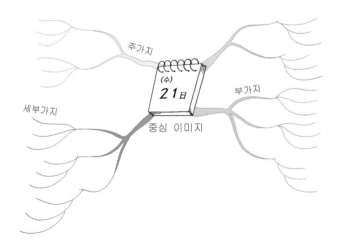

3 | 마인드 맵 그리기

1 하나의 가지에는 하나의 중요한 정보를 작성하도록 하며, 중요한 정보를 설명하는 이미지나 상징적 부호 등을 사용하도록 합니다.

2 선들을 서로 연결하도록 합니다.

3 우뇌를 활용하는 기억효과를 높이기 위해서는 색상과 기호, 이미지를 많이 사용하도록 합니다.

4 | 마인드 맵 활용

1 노트 필기법

일반적인 노트 정리는 주어진 내용을 그대로 옮겨 적는 방법이지만, 마인드 맵은 두뇌의 창의력과 사고력을 활용하여 깊이 있는 학습을 할 수 있으며 기호와 색상, 이미지를 활용하여 장기기억 할 수 있습니다. 또 마인드 맵은 A4용지 한 장에 한 단원 내용을 요약정리 할 수 있기 때문에 언제든지 효과적인 복습을 할 수 있다는 장점이 있습니다.

2 독후 활동

마인드 맵은 분류 · 분석에 탁월한 능력을 발휘하기 때문에, 독서 후 마인드 맵을 활용하면 핵심주제를 놓치지 않고 생각을 정리할 수 있습니다.

3 아이디어를 내고 싶을 때

마인드 맵의 가장 큰 장점은 생각하고 분석하는 능력입니다. 좌 · 우뇌의 기능들을 유기적으로 연결하여 제한 없이 자유롭게 표현할 수 있으며, 필요한 정보와 내용을 분류 · 분석할 수 있기 때문에 더 좋은 아이디어를 만들어 낼 수 있습니다.

4 하루 생활계획을 세울 때

달변가로 유명한 영국의 전 총리 윈스턴 처칠(Winston Leonard Spencer Churchill)은 '준비를 하지 않고 잘했던 연설은 하나도 없었다'고 했습니다. 중요한 일, 시간대 별, 약속 등의 하루 일정을 마인드 맵으로 자유롭게 생각하고 분류하다보면, 성공적인 하루를 보낼 수 있을 것입니다.

5 일기 쓰기

마인드 맵은 생각(마음)지도란 뜻입니다. 문자만으로 작성되었던 기존의 일기에서 벗어나 마인드 맵을 통해 기호, 이미지, 색을 사용하여 일기를 써보세요. 좌·우뇌의 기능을 유기적으로 연결해 논리적 활동과 창의적 활동 모두를 사용할 수 있다는 장점이 있습니다.

6 글의 개요 작성하기

사고력 중심의 두뇌개발 프로그램인 마인드 맵으로 전체 개요를 작성한 뒤 글을 작성하게 되면 논리적이고 이해하기 쉬우며, 주제와 주장이 뚜렷한 글이 완성됩니다.

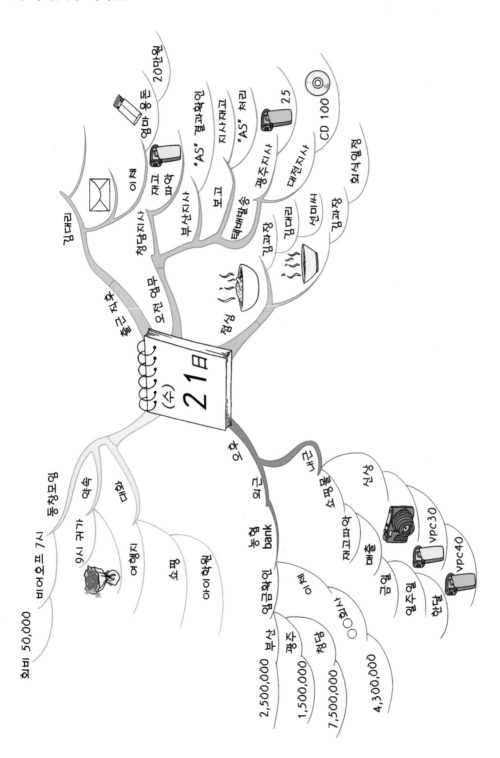

DAY
15~17
다섯 번째 훈련

성공을 위한
독서 키워드
· · ·
속독법

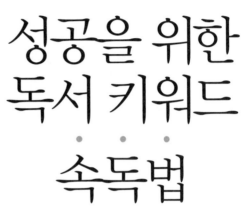

안구 훈련/기호 훈련 4줄

지금까지의 훈련을 통해 여러분의 독서능력이 많은 발전을 이루고 있음을 스스로도 느끼고 있을 것입니다. 이번 과정부터는 좌뇌식 독서방법에서 벗어나, 영상과 이미지 그리고 직관적 판단에 의한 문제해결능력이 높은 우뇌식 독서방법까지 적용해야 하는 시기입니다. 우리들이 천재라고 말하고 인정하는 사람들의 대부분은 머리가 똑똑한 것보다도 좌뇌와 우뇌를 균형 있게 활용하는 방법을 아는 사람들입니다.

공부하는데 있어서도 사진이나 지도, 도표들을 활용하거나, 실험과정과 방법을 머릿속에 그림을 그리듯이 공부하면 이해가 잘 되고 기억도 잘 되듯이, 독서에 있어서도 그러한 활자의 정보를 영상이나 이미지, 사진의 형태로 떠올려 내용을 이해할 수 있는 독서능력이 중요합니다.

1 | 영상화 훈련

활자를 활자로 바라보는 시각에서 벗어나 활자를 이미지로 떠올릴 수 있어야 여러분의 독서능력은 발전하게 됩니다. 음절 단위에서 시작된 독서가 줄 단위, 문장 단위로 변화하면서 단락을 한 번에 인지하고 좌뇌와 우뇌 작용을 통해 하나의 장면이나 영상으로 떠올라야 합니다.

① '초록색 산 위로 파란색 비행기가 구름을 뚫고 날아가고 있습니다.'

②

앞의 ①과 ②를 보고 난 느낌은 어떤가요? 모두 다 이미지로 변환이 된 상태인 ②가 훨씬 빠른 정보처리속도를 보인다고 할 것입니다. 하지만 많은 사람들은 활자를 이미지로 떠올리는 방법에 익숙하지 못합니다. 이 말은 익숙하지 못할 뿐, 하지 못한다는 이야기가 아닙니다. 오랫동안 좌뇌식의 주입식 교육과 독서만을 진행했기 때문에 상대적으로 우뇌작용이 적게 활용되었기 때문에 익숙치 않은 것입니다.

독서에 활용되거나 적용되지 않았던 우뇌(이미지, 영상)능력이 한 번의 훈련으로 활용되고 활성화될 수는 없습니다. 그러나 독서를 할 때나 대화를 나눌 때 외에도 모든 생활 상황을 영상이나 이미지로 떠올리면서 생활하다 보면 자연스럽게 여러분의 능력이 되어 있을 것입니다.

방법1 어린이 도서 중 일러스트가 많은 책을 선정하여 도서의 내용과 일러스트를 비교해본 후 도서의 내용을 영상으로 떠올려 보도록 합니다.

방법2 독서를 진행할 때 문단 정도 되는 양을 읽고 문단의 내용을 영상으로 떠올려 보도록 합니다. 훈련이 거듭될수록 영상이 순간적으로 떠오를 수 있도록 훈련합니다.

방법3 과학 도서를 선정하여 실험방법과 과정 그리고 결과를 영상으로 떠올려 보도록 합니다.

방법4 사회나 역사와 관계된 도서를 선정하여 읽고, 시대상황과 역사적 흐름을 영화의 한 장면처럼 떠올려보도록 합니다.

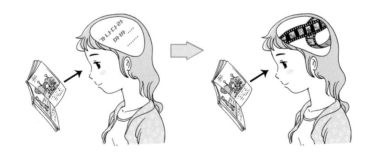

▶ 독서에도 방법이 있다. 수동적 독서법은 효과가 적다. 읽은 것을 눈앞에 그려보도록 해야 한다. - 오즈월드 에이버리

2 | 호흡/명상 훈련

편안하고 집중이 된 상태에서 훈련한 결과가 좋다는 것은 이제 여러분 모두 알고 있을 것입니다. 답답하다는 생각에서 벗어나, 자신의 하루를 되돌아보고 내일을 위한 계획을 통해 경쟁력 있는 사람으로 거듭나는 시간이 되기 바랍니다.

이번 과정은 스트레스와 근심, 걱정, 병 등을 호흡을 통해 자신의 몸 밖으로 배출하는 훈련입니다. 긍정적인 생각과 믿음이 가장 중요하며, 이런 상황에 익숙해질수록 여러분의 집중력은 크게 높아질 것입니다.

훈련 방법

1 훈련 자세는 지난 단계의 훈련과 동일합니다.

2 편안한 상태에서 웃음 띤 얼굴로 훈련을 합니다.

3 숨을 들이마시고 길게 내쉬도록 합니다. 들이마신 숨이 뇌를 한 바퀴 돌고 어깨를 지나 손끝으로 나간다고 생각합니다. 숨이 뇌를 한 바퀴 돌고 있을 때 우리의 뇌가 황금색으로 빛난다고 생각하며, 숨이 손 끝으로 나갈 때 우리 몸과 마음속에 있는 나쁜 균과 생각들이 몸 밖으로 나간다고 생각합니다.

4 막힘없이 부드럽게 진행되어야 하며, 어지러운 증상이 있으면 훈련을 멈추기를 바랍니다.

3 | 시점이동 훈련

이번의 시점이동 훈련은 그동안의 훈련 방법과 달리 시점의 이동능력과 책의 활자를 효과적으로 인지하기 위한 안구의 흐름을 발달시키기 위해 구성되었습니다.

1 | 프로그램 훈련 (파일명 : se5.swf)

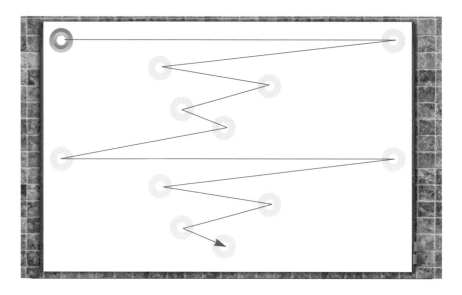

위의 사진과 같이 배경이 되는 기호와 이동하는 기호의 위치가 그동안 진행되었던 시점이동 훈련과는 다르게 구성되어 있습니다. 그동안의 훈련으로 여러분은 충분한 시점이동능력을 가지고 있습니다. 이 훈련은 시점이동능력과 4줄의 활자나 하나의 문단을 인지하기 위한 안구의 흐름을 동시에 훈련하는 과정입니다.

2 | 시점이동 훈련표

프로그램과 같은 안구의 이동방향으로 훈련을 진행합니다. 프로그램에서 두 세트의 훈련이 진행되었다면, 시점이동 훈련표에서는 한 페이지당 네 세트의 훈련이 진행됩니다. 이러한 안구흐름과 주변시야를 통해 3~4줄 또는 하나의 문단의 활자를 충분히 인지할 수 있는 능력이 개발되게 될 것입니다.

시점이동 훈련표

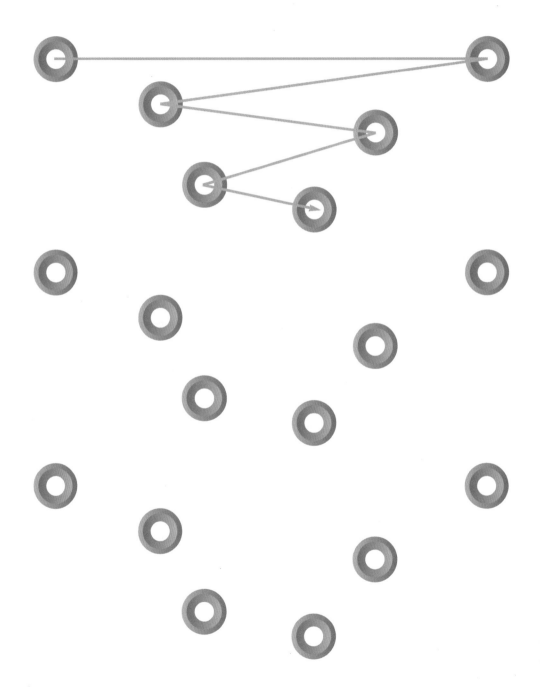

:: 책을 바르게 잡고 기호배치에 따라 빠르게 이동하면서 인지하도록 합니다.
:: 훈련시간은 1분입니다.

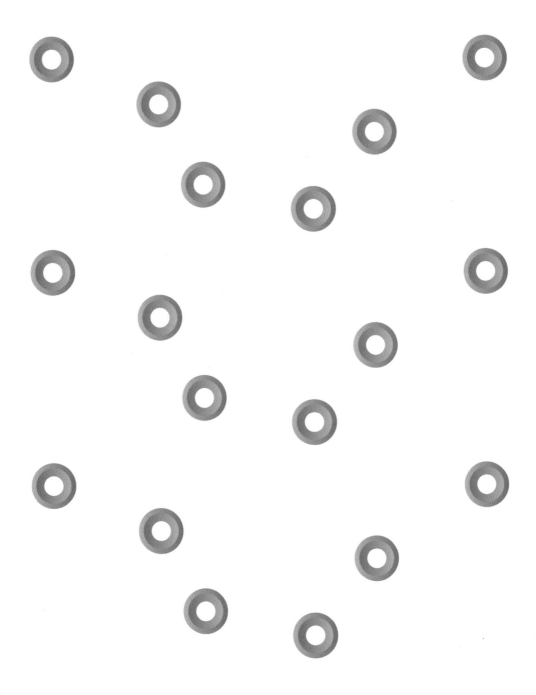

4 | 시지각 향상 훈련

이번 과정의 훈련은 시야확대 훈련이 아니라 시지각 향상 훈련입니다. 시지각이란 눈으로 인지하고 뇌로 알아차릴 수 있는 상태를 말합니다.

우리들은 지금까지 많은 시지각 훈련을 진행하였습니다. 기호인지 훈련을 통한 우뇌 시지각 훈련, 문장적응 훈련을 통한 좌뇌 시지각 훈련을 진행하였으며 이를 통해 독서의 발전을 이루고 있습니다. 하지만 이번 단계부터는 좌뇌와 우뇌 정보처리속도보다 훨씬 빠른 간뇌를 발달시키기 위한 훈련입니다. 간뇌는 대뇌와 상호정보교환을 하기 때문에 순간적인 정보처리능력이 좌뇌와 우뇌에 비해 월등히 빠른 속도를 보여주고 있습니다. 따라서 간뇌를 개발한다는 것은 엄청난 두뇌능력의 향상을 가져다 줄 것입니다.

1 | 프로그램 훈련 (파일명 : segi5.swf)

위 사진과 같이 23개의 사물들이 일정한 시간간격을 두고 배치가 달라지게 됩니다. 여러분은 프로그램의 시작과 함께 하나의 사물을 지정한 뒤 바뀌는 사물의 배치에 따라 지정된 사물을 계속해서 인지하고 뇌가 알아차릴 수 있도록 해야 합니다. 사물들의 배치속도는 시간경과에 따라 계속 빨라지게 됩니다. 사물들이 빠르게 이동하는 과정에서 여러분은 인지하고 판독하는 과정을 거치게 되는 것이며, 이러한 훈련의 반복을 통해 여러분의 간뇌는 개발되게 됩니다.

2 | 실전 시지각 향상 훈련

실전 시지각 향상 훈련은 프로그램의 사물이 아니라 도형으로 진행됩니다. 하나의 도형을 정하여 같은 도형을 10초 이내에 찾는 훈련입니다.

실전 시지각 향상 훈련 ①

1 도형표에서 하나를 정하여 같은 도형을 찾도록 합니다.

2 10초 이내에 같은 도형 10개를 찾도록 합니다.

3 ☂에서 시작하여 ▣까지 총 100개의 도형을 모두 찾도록 합니다.

도형표

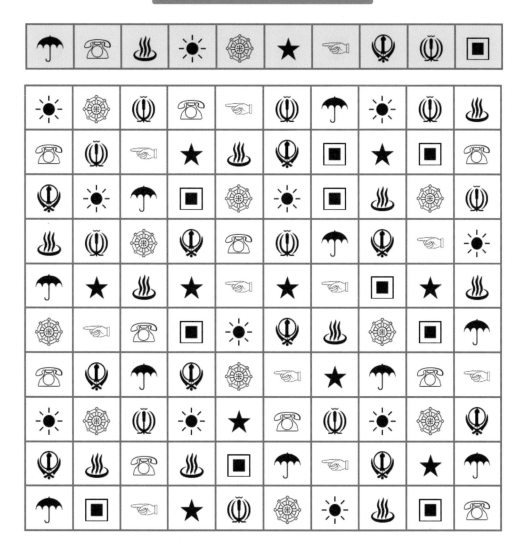

1 도형표에서 하나를 정하여 같은 도형을 찾도록 합니다.

2 10초 이내에 같은 도형 10개를 찾도록 합니다.

3 ☃ 에서 시작하여 ☾⋆ 까지 총 100개의 도형을 모두 찾도록 합니다.

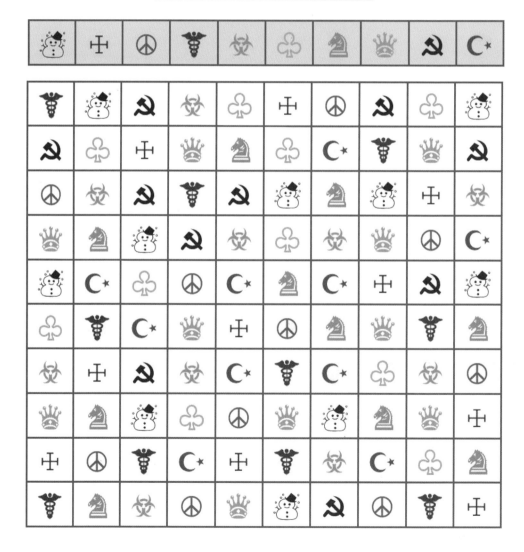

실전 시지각 향상 훈련 ③

1 도형표에서 하나를 정하여 같은 도형을 찾도록 합니다.

2 10초 이내에 같은 도형 10개를 찾도록 합니다.

3 ☃ 에서 시작하여 ☺ 까지 총 100개의 도형을 모두 찾도록 합니다.

도형표

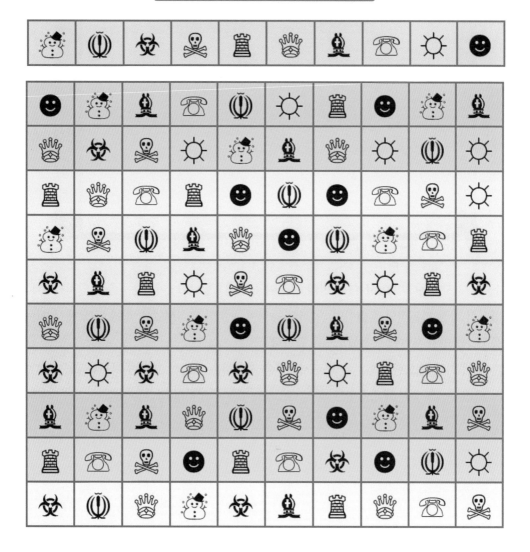

5 | 4줄 기호인지 훈련

4줄 기호인지 훈련이라고 해서 4줄의 기호를 한 번에 인지하는 훈련이 아닙니다. 4줄이나 하나의 문단정도를 여러 번의 안구흐름을 통해 인지하는 훈련입니다. 빠른 안구의 흐름과 주변시야, 시지각 능력이 충분히 활용되어야 하며, 이러한 능력이 향상을 거듭할수록 4줄을 한눈에 인지하는 것처럼 느껴지게 될 것입니다.

1 | 프로그램 훈련 (파일명 : kiho4.swf)

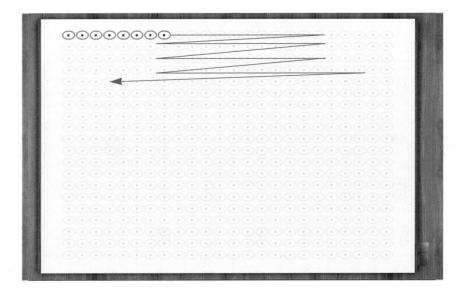

4줄을 인지하는데 있어서 여러 번의 시선이동이 필요합니다. 이것은 4줄을 인지하는데 있어서 가장 기본적인 훈련이며, 이러한 능력이 충분히 완성되었을 때에 뒤에 제시하는 응용 4줄 인지 훈련에 도전해보도록 합니다.

훈련 시 가장 중요한 포인트는 초점시야만을 사용하는 시선의 흐름이 아니라, 초점시야와 주변시야를 충분히 활용한 상태의 이동능력이 만들어져야 한다는 것입니다. 즉 선의 상태로 이동하는 것이 아니라, '계란' 정도 크기의 원이 이동한다고 생각합니다.

2 | 실전 4줄 기호인지 훈련

프로그램의 훈련은 2줄 기호인지 훈련을 확장시킨 훈련입니다. 하지만 4줄을 인지하기 위해서는 시선 흐름이 많기 때문에 빨리 피곤함을 느낄 수 있는 단점을 가지고 있습니다. 이러한 단점을 보완하기 위하여 두 가지 방법의 4줄 응용훈련을 제시하도록 하겠습니다. 여러분의 주변시야, 시지각, 두뇌능력이 조화를 이룬다면 아래의 훈련 모두 여러분의 능력이 될 것입니다.

훈련 1

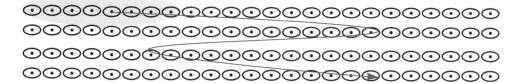

시선이 이동되는 위치

프로그램에서 진행했던 4줄 기호인지 훈련은 매 줄마다 시선 흐름으로 인지되었지만, 이번 훈련은 주변시야와 시지각능력을 최대한 활용하여 활자를 인지하는 방법입니다. 주변시야와 시지각능력이 부족할 경우, 위와 같은 방법을 독서에 적용했을 시 중요단어나 중요문장만을 인지하는 단점이 있습니다. 그러나 주변시야와 시지각능력 그리고 두뇌정보처리능력이 함께 개발된 상황이라면 좀 더 여유 있고 효율적인 독서를 진행할 수 있는 장점이 있습니다.

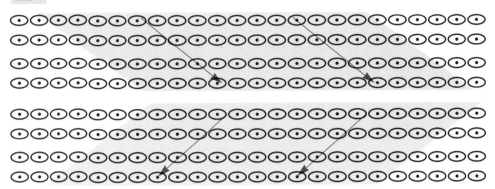

시선이 이동되는 위치

'훈련1'의 훈련보다는 안구와 두뇌능력이 더 많이 개발된 상태에서 진행해야 되는 훈련입니다. 기호를 인지할 때 두 개의 안구가 한 곳을 보기보다는 지난 과정 시야확대 훈련(segi4.swf)처럼 두 개의 안구가 인지하는 포인트가 달라야 합니다. 충분한 시야가 확보된 상태에서 4줄의 기호를 모두 인지할 수 있어야 하는 훈련입니다.

앞에서 제시한 세 가지의 훈련방법에서 가장 중요한 포인트는 제시된 훈련 형태와 똑같이 인지해야 한다는 생각보다는, 그와 같은 방법을 토대로 여러분의 방법을 찾도록 하는 것입니다. 세 가지 방법 중 자신에게 가장 적합한 방법을 선택해 집중적으로 훈련하도록 합니다.

실전 4줄 기호인지 훈련

:: 책을 바르게 잡고 4줄의 기호를 정확히 인지하기 바랍니다.

:: 초점, 주변시야, 시지각 능력이 모두 활용되어야 합니다. 시선의 흐름이 자연스러워질 수 있도록 반복 훈련하도록 합니다.

:: 훈련시간은 1회 훈련에 3분이며, 훈련할 수 있는 시간과 환경이 된다면 여러 차례의 훈련을 거듭하면 더 좋은 결과를 만들 수 있습니다.

6 | 실전 4줄 문장적응 훈련

4줄 기호인지 훈련에서 제시한 세 가지의 훈련방법을 선택하여 집중적으로 훈련을 하였을 것입니다. 이제는 훈련한 방법을 토대로 문장에 적용해야 하는 시기입니다. 4줄 정도의 문장을 인지하기는 쉬울 수 있지만 내용파악은 어려울 수 있습니다. 이러한 상황은 좌뇌의 작용을 통한 독서만을 진행하고 있기 때문이므로, 우뇌 작용까지 활용되는 영상화 능력이 꼭 적용되어야 하는 시기입니다.

1 | 프로그램 훈련 (파일명 : ye4.swf)

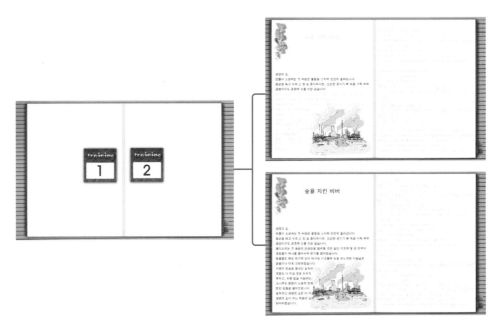

프로그램은 'training 1'과 'training 2'로 구성되어 있습니다. 'training 1'은 검정색으로 나타나는 활자를 기호인지 훈련과 같이 인지하는 훈련이며, training 2'는 4줄을 인지하기 위한 하나의 안구흐름이 아닌 문장이나 단락을 연속해서 인지하여 한 페이지 전체를 인지하기 위한 훈련입니다. 프로그램의 속도가 여러분들의 능력보다 빠를 수 있지만 속도에 적응하도록 여러 번 반복해서 훈련하도록 합니다.

2 | 실전 4줄 문장적응 훈련

프로그램에서 훈련한 것을 실전 문장에 적용하여 적응하는 훈련입니다. 프로그램과 지문의 내용은 같지만 활자나 문장을 인지하는 방법은 다를 수 있습니다. 꼭 4줄의 활자를 인지한다는 생각보다는 문장이나 단락의 구분에 따라 인지하도록 합니다.

활자인지 예

눈부신 햇살이 똘이의 책상까지 들어와 방긋 웃고 있는 아침입니다.

"똘이야, 어서 일어나야지~. 학교 늦겠구나!"

엄마의 목소리에도 똘이는 이불 속에서 꼼짝도 하지 않습니다. 똘이의

기척이 없자 결국 엄마는 똘이의 방문을 열고 들어오셨어요.

여전히 똘이는 파란 하늘이 그려진 이불을

얼굴까지 덮고는 꼼짝도 하지 않고 있어요.

"아니, 우리 똘이가 왜 이럴까? 어서 씻고 학교 가야지~. 이러다 정말

지각하겠구나!"

"싫어 싫어 학교에 안 갈테야! 정말 학교 가기 싫단 말야." 엄마가 방문을 닫고 나가자 똘이는 겨우 몸을 일으켜 겨우겨우 학교에 갈 채비를 끝냈어요.

위의 예제와 같이 꼭 4줄의 활자를 인지하기보다는 지금까지 진행했던 모든 방법과 능력이 총동원되어야 합니다. 실전 문장적응 훈련에서는 색의 구별을 통해 여러분이 인지할 수 있는 활자를 구성해 놓았습니다. 처음에는 색의 구별에 의한 독서를 진행하고, 점차 응용력을 발휘해 자신에게 가장 적합한 활자인지능력을 만들기 바랍니다.

POINT :: 책을 바르게 잡고, 색이 다른 형태로 표시되어 있는 글자를 초점시야와 간접시야를 활용해 인지하도록 합니다.
1일 2회씩 훈련하고 시간을 기록하도록 합니다.

숲을 지킨 비버

(글 : 박인수 | 글자수 : 1,941자)

생명의 숲.

만물이 소생하는 듯 바람은 풀들을 스치며 잔잔히 흘러갑니다.

들판을 베고 누워 긴 한 숨 들이마시면, 신선한 공기가 폐 속을 가득 채워

금방이라도 공중에 오를 것만 같습니다.

불타 오르는 듯 생명의 탄생만을 알려줄 것 같던 이곳에 몇 년 전부터

공장들이 하나 둘 들어서며 연기를 뿜어댔습니다.

동물들도 매운 연기에 눈이 따가워 시냇물에 눈을 씻노라면 다음날은

곱절이나 더욱 괴로워했습니다.

서로의 모습을 뽐내던 숲속의

꽃들도 더 이상 꽃을 피우지

못하고, 푸른 잎을 자랑하던

소나무도 힘없이 노랗게 변해

버린 잎들을 떨어뜨립니다.

짙푸르던 생명의 숲은 더 이상

생명의 숲이 아닌 죽음의 숲이

되어버렸습니다.

"이보게 자네는 이사 안가나?"

옆집의 토끼가 짐을 들고 비버에게 말을 건넵니다.

"아뇨. 전 아내가 임신도 했고 약속한 것이 있어서요."

"어허. 주위를 둘러보라고. 이곳에선 더 이상 희망이라곤 찾을 수가 없어.

빨리 이곳을 뜨는 게 좋을 거야."

토끼는 한숨을 내쉬며 멀리 사라졌습니다.

비버네 가족은 죽음의 숲이 되어버린 냇가에 집을 짓고 있습니다.

임신한 아내가 있는 비버는 요즘 좀처럼 먹이 구하는 것도 시원치 않아

걱정이 말이 아닙니다.

"여보 오늘도 이것 밖에 구하질 못했어."

비버는 갉아온 나무껍질을 아내에게 내밉니다.

"아~당신은 뭐 좀 먹었어요?"

출산일이 임박했는지 비버의 부인은 요즘 진통이 잦습니다.

"응. 난 괜찮아. 당신이 많이 먹고 건강해야 우리 아이들이 건강하게

태어날 수 있지. 자. 어서 먹어."

"여보. 혹시..."

아내는 눈물을 흘리며 말끝을 흐립니다.

"혹. 그 소리라면 입 밖에 꺼내지도 마! 당신은 괜찮을 거야. 내가 이렇게

곁에 꼭 있을게."

"그래도 혹시 내가 잘못되기라도 하면..."

"어허. 그런 소리 말래도."

세상이 어두워지자 먹을 것이 줄어든 비버는 아내가 가장 걱정입니다.

"건강한 아기 비버를 낳아서 우리 가족 오순도순 행복하게 살 수 있을 거야."

비버는 아내에게 용기를 주려는 듯 미소 지어 보입니다.

하지만 많이 야윈 비버 아내는 왠지 자신이 없었습니다.

"여보 그래도 혹시 잘못되기라도 하면, 우리가 자라고 사랑을 키운

이곳에서 아이들도 자랄 수 있게 해주세요."

"걱정 마. 그럴 일은 없겠지만, 내 약속할게. 당신이 그토록 바라던 우리
이곳에서 아이들 사랑하는 아기 비버들 꼭 건강하게 잘 키우겠다고."

얼마 후,

건강한 다섯 쌍둥이가 태어났습니다.

다섯 쌍둥이의 우렁찬 울음소리가 이제 아무도 살지 않는 죽음의 숲도 다시
되살릴 것만 같았습니다.

하지만 비버에겐 다섯 아이의 탄생은 기쁨과 함께 슬픔도 찾아 온
일이었습니다.

행복한 가정을 꾸리고 싶다던 아내는 그토록 기다리던 아이들을 두고 저
세상으로 떠나버렸기 때문입니다.

비버는 아내와 약속한 대로 죽음의 숲이라고 불리지만, 이곳을 떠나지
않고 새끼들을 아내와의 사랑으로 가득 찼던 이 집에서 보살폈습니다.

비가 오기라도 하면 비버는 어린 비버 새끼들이 젖을 까봐 집을 계속
수리해야 했지만 집을 고칠 재료를 구하는 것도 쉽지 않았습니다.

저벅. 저벅.

인간들의 발소리가 들렸습니다.

인간들은 뭔가 이야기를 나누더니 한 참 비버네 집 주변을 둘러보았습니다.

"여기 비버가 살고 있네?"

"정말이네. 우와. 이런 곳에 비버가 살고 있다니."

"오~"

"에이. 하지만 비버가 언제까지 살 수 있겠어? 보라고. 저렇게 어미젖도
못 먹어서 곧 죽을 것 같잖아."

"글쎄 지켜보자고."

그렇게 인간들이 며칠을 쉬지 않고 다녀갔습니다.

인간들은 비버의 집이 부서지지 않았는지, 비버가 숲을 버리고 다른 곳으로

가버리지는 않았는지 유심히 살펴보았습니다.

"이 비버들은 이곳에서 계속 살려나봐."

"모르지. 주위에 다른 동물들은 다 도망 가버렸는데. 이 비버라고 배겨 내겠어?"

"글쎄. 좀 더 지켜보자고."

하지만 비버는 쉬지 않고 집을 고치며 아이들을 돌보았습니다.

그리고 비버는 새끼들이 클수록 집을 키워 나갔습니다.

그렇게 얼마의 시간이 흘렀습니다.

비버의 새끼들도 어른이 다 되었습니다.

비버가 이 숲을 떠날 것이라 생각했던 사람들 그리고 곧 죽을 것이라 생각했던 사람들을 포함해 많은 사람들이 비버의 집을 구경하기 위해 숲을 찾았습니다. 비버의 집을 취재하려고 먼 곳에서 오는 사람들도 있었습니다.

"비버는 우리의 도움 없이 끊임없이 집을 지었어요. 아무도 비버가 이 죽어버린 숲에서 살아남으리란 생각을 하지 못했죠. 하지만 비버는 해냈습니다."

인터뷰하는 마을 사람들의 목소리에는 힘이 있었습니다.

"어떤 사람들은 비버를 다른 숲으로 옮기자고도 했어요. 하지만 시간이 지날수록 비버는 집을 더 크게 지어갔죠. 사람들은 비버가 이 숲에서 살 수 있을거라고 믿기 시작했습니다. 그래서 비버를 위해 이 숲을 살리기로 했죠."

"비버는 우리에게 말하고 싶었는지도 몰라요. 이 숲은 살릴 수 있다고. 아니 아직도 이렇게 살아 숨 쉬고 있다고요."

공장에서 내 뿜는 연기는 줄어들고, 악취 나는 검은 물도 더 이상 냇가로 흘러들지 않았습니다.

인간들은 비버의 가족들이 쉴 수 있도록 시냇물의 쓰레기를 치우고, 숲에 나무들을 심기 시작했습니다. 이사 갔던 숲속의 동물들이 하나 둘 돌아오기 시작했습니다.

그렇게 이 숲은 다시 생명의 숲이 되어가고 있었습니다.

인지 시간	1회	분	초	2회	분	초	3회	분	초
		분	초		분	초		분	초

7 | 실전 독서훈련

음절부터 시작된 독서가 단어를 거쳐 문장으로, 문장을 거쳐 하나의 단락을 읽고 판독할
수 있는 능력으로까지 진행되었습니다.

4줄 실전 독서훈련에서 가장 중요한 포인트는 그동안 진행되었던 6칸~4줄까지의 모든
능력이 책에 쓰여진 활자와 내용의 구성에 맞게 응용되어야 하며, 인지된 활자는 좌뇌
작용만을 활용되는 판독이 아니라 우뇌·간뇌까지 활용되는 전뇌 작용으로 판독이 되어
야 하는 것입니다.

문장이나 문단의 구분에 따라 독서를 진행할 때 중요단어나 핵심문장은 속발음을 해도 상
관 없습니다. 중요한 내용은 속발음을 해도 된다는 편안한 상태에서 진행하도록 합니다.

①의 독서방법은 안구이동능력과 주변시야, 시지각 능력이 개발되지 않은 상태에서 핵
심단어를 인지하고 내용을 판독하는 잘못된 독서방법입니다.

②의 독서방법은 속독에 필요한 모든 능력을 갖춘 상태에서 좌뇌뿐만 아니라 우뇌의 영
상화능력과 간뇌의 정보처리능력까지 활용되는 효과적인 독서방법입니다.

◆ 도서 내용

읽 은 책	
지 은 이	

◆ Double Reading 페이지 기록

1-1	1-2	2-1	2-2	3-1	3-2

1-1과 1-2의 훈련을 마친 후 내용을 기록하도록 합니다.

언제 _____

어디서 _____

누가 _____

무엇을 _____

어떻게 _____

왜? _____

2-1과 2-2의 훈련을 마친 후 내용을 기록하도록 합니다.

언제

어디서

누가

무엇을

어떻게

왜?

3-1과 3-2의 훈련을 마친 후 내용을 기록하도록 합니다.

언제

어디서

누가

무엇을

어떻게

왜?

성경 속독법

성경의 구약은 히브리어로, 신약은 주로 헬라어로 쓰여졌습니다. 창세기부터 요한계시록까지 1,600여년에 걸쳐 40명이 넘는 저자에 의해 쓰여졌기 때문에 확실한 믿음이 생겨난 후가 아니면 대부분 어렵게 느껴질 것입니다.

그래도 크리스찬들이 성경을 읽어야 하는 이유는 오직 성령의 감동하심을 입은 사람들이 하나님께 받아 말한 것이기 때문이며, 주 예수에 대하여 증거하고 은혜를 받으며 구원에 이르게 하는 지혜가 담겨있기 때문입니다.

1 하루에 3장, 주일에 5장을 읽게 되면 1년에 한 번 성경을 읽을 수 있다.

2 이해에 대한 부담을 갖지 말자.

3 시간과 장소를 확보하자.

4 가정에 온 편지를 읽는 것처럼 읽자.

5 정독해야 한다.

6 성경에 나타난 양식에 맞게 읽어야 한다.

7 이스라엘 역사와 지리에 관한 책을 늘 옆에 두고 읽자.

8 성경은 평생 읽어야 하는 하나님의 말씀이기 때문에 늘 곁에 두고 문법책처럼 통독하여야 한다.

위와 같이 다양한 방법이 제시되고 있지만, 가장 중요한 사실은 각자의 스타일과 관점에 맞게 성경을 읽어야 한다는 것입니다. 지금부터 진행되는 성경 읽는 방법은 속독 훈련을 통해 개발되고 발달된 집중력, 안구능력, 두뇌능력을 성경 읽기에 적용하는 방법입니다.

성경책의 편집구성을 보면 한 줄의 글자 수는 대개 22~23자이고, 활자의 크기가 작으며, '장'과 '절'을 나타내는 숫자가 등장한다는 것입니다. 일반도서와는 다른 생소한 구성이기 때문에 성경책 활자구성과 비슷한 기호인지 훈련이 진행되어야 합니다. 여러분은 지금까지 많은 훈련을 통해 한 줄을 한 번의 시선고정으로 인지할 수 있는 시지각능력과, 활자를 빠르게 인지할 수 있는 시점이동능력의 향상을 이루고 있습니다. 이러한 능력을 바탕으로 성경 기호인지 훈련을 통해, 성경책을 효과적으로 읽을 수 있는 시지각능력과 효과적인 안구흐름능력이 만들어진다면 지금까지 어렵고 힘들게 읽었던 성경책을 좀 더 효과적으로 접근할 수 있을 것입니다.

성경 기호인지 훈련 후 본격적인 성경 읽기가 시작되면, 처음에는 한절한절 끊어서 읽고 장면 떠올리기를 반복합니다. 시선흐름과 장면연상능력이 자연스럽게 진행될 때 '장' 단위로 읽도록 합니다.

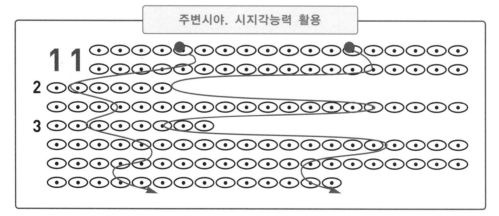

성경 기호인지 훈련

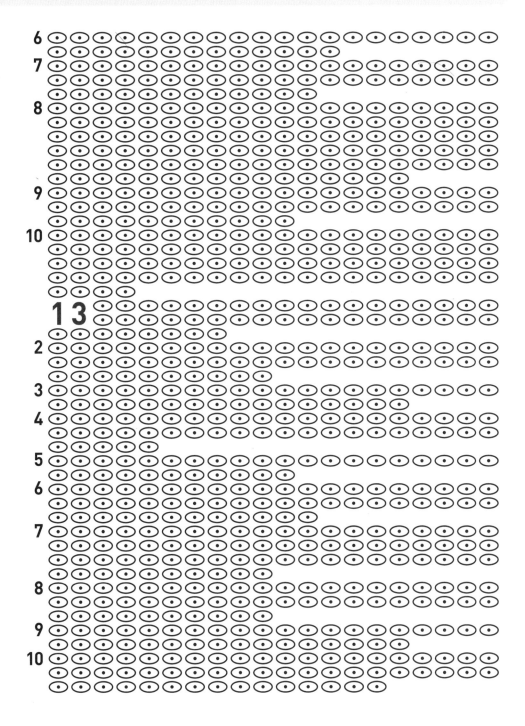

DAY
18~20

여섯 번째 훈련

성공을 위한
독서 키워드
· · ·
속독법

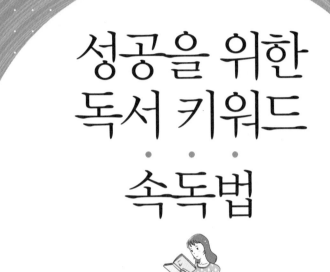

안구 훈련/기호 훈련 6줄

여러분은 독서능력이 발전을 거듭하고 있다는 확신을 가지고 이번 과정에 들어서야 합니다. 지난 과정까지 훈련을 통해서 여러분의 독서능력은 자신이 알게 모르게 많은 발전을 거듭하고 있습니다.

소율이는 멋진 몸을 만들기 위해 오늘부터 헬스클럽에서 운동을 하기 시작했습니다. 코치의 지도를 통해 10kg의 덤벨 무게로 훈련을 시작했지만, 운동에 익숙지 않은 소율이는 10kg의 무게에도 힘이 드는지 얼굴에 핏기가 가득합니다. 잠시 휴식을 취하던 소율이는 주위를 둘러보던 중 한 남자를 의식하기 시작했습니다. 비슷한 또래의 남자인데 자기보다 훨씬 무거워 보이는 덤벨을 들고 열심히 운동하는 모습이 멋져 보였습니다. 자신도 저렇게 멋져 보이고 싶다는 의지를 앞세워 덤벨의 무게를 15kg으로 올려서 운동을 시작했습니다. 10kg을 들고도 힘들어 했던 소율이기에 15kg의 무게는 역부족이었습니다. 얼굴에 핏기가 가득 차 터질 것 같은 얼굴이 되어서야 잠시 휴식을 취하지만 이미 온 몸은 땀으로 흠뻑 젖은 상태입니다. 소율이는 15kg이 자신에게는 너무 버거운 훈련임을 의식하고 나서야 다시 10kg의 덤벨을 잡고 훈련을 시작합니다. 덤벨을 잡고 몇 차례 들어 올리던 소율이는 깜짝 놀랍니다. 자신이 처음 훈련할 때 10kg이 굉장히 무거웠지만, 지금은 전혀 무겁게 느껴지지 않는 것입니다.

여러분의 속독훈련도 마찬가지입니다. 2줄 훈련이 진행될 때는 2줄 훈련만으로도 어렵고 힘들었지만, 2줄 이상을 훈련해야 하는 4줄 훈련을 마치고 나서는 2줄 정도를 인지하는 것은 쉽게 느껴질 것입니다.

6줄 훈련의 목표는 두 가지입니다. 4줄을 인지하기 힘들었던 분들은 그 이상의 훈련을 통해 4줄을 완벽하게 소화할 수 있는 과정이 될 것이며, 발전의 속도와 적응력이 높은 분들은 5~6줄 이상을 인지할 수 있는 능력을 만들어 가는 과정이 될 것입니다.

1 │ 호흡/명상 훈련

마음의 안정을 통해 집중이 바탕이 된 상태에서 훈련에 임해야 한다는 것은 지금쯤이면 여러분 모두 알고 계실 것입니다. 속독을 할 때는 단기적인 목표가 중요합니다. '지금 왜 내가 속독을 배우고 있는가', '지금 내가 보는 책을 어디까지 어떻게 공부할 것인가!' 이런 생각에 정확히 대답할 수 있는 상태라면 여러분의 집중력은 훨씬 좋아질 것입니다.

훈련 방법

1 훈련자세는 지난 단계의 훈련과 동일합니다.

2 오늘 훈련의 내용과 목표를 생각합니다.
- 내가 속독을 배우고 있는 이유
- 실전독서 훈련의 도서명과 독서시간
- 속독훈련을 통해 변화된 나의 미래 등

3 편안한 상태에서 웃음 띤 얼굴로 훈련을 합니다.

4 길게 들이마시고 길게 내쉬도록 합니다. 이때 내쉬는 호흡을 더 길게 합니다.

5 막힘없이 부드럽게 진행되어야 하며, 어지러운 증상이 있으면 훈련을 멈추기를 바랍니다.

2 | 시점이동 훈련

이번 과정의 시점이동 훈련은 하나의 기호가 이동하던 기존의 훈련과 달리 2개의 기호가 동시에 이동하게 됩니다. 앞 단계까지 진행되었던 시점이동 훈련은 빠른 안구이동을 통해 글자를 빨리 인지하게 만들기 위한 훈련이었다면, 이번 과정의 훈련은 시점이동 훈련과 시야확대 훈련을 동시에 진행하여 이동하는 안구의 흐름 속에서 더 많은 활자를 인지하기 위한 훈련입니다.

1 | 프로그램 훈련 (파일명 : se6.swf)

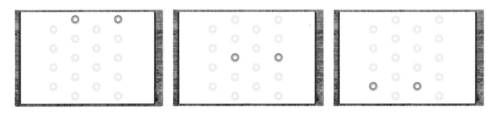

위의 그림과 같이 두 개의 기호가 이동하게 됩니다. 하나의 기호에 초점을 맞춰 인지하던 방식에서 벗어나도록 하여 좀 더 넓은 시야 속에서 많은 활자를 인지하기 위한 훈련입니다. 좌측의 기호는 좌측안구를 통해 인지하고, 우측 기호는 우측안구를 통해 인지합니다. 두 개의 기호를 동시에 인지한 상태에서 프로그램의 진행 방향과 동일한 형태로 안구를 이동하도록 합니다.

훈련
방법

1 좌측의 기호는 좌측의 눈으로, 우측의 기호는 우측의 눈으로 인지합니다.

2 기호의 이동 속에서도 각자 인지하고 있는 기호를 놓치지 말아야 합니다.

3 하나의 글자에 초점을 맞춘다는 생각보다는 넓게 본다는 생각을 하도록 합니다. 나무보다는 숲을 바라본다고 생각하세요.

2 | 시점이동 훈련표

프로그램과 같은 속도가 이루어질 수 있도록 꾸준히 반복 훈련합니다.

01 시점이동 훈련표

:: 책을 바르게 잡고 좌 · 우측 안구를 통해 기호를 인지한 상태에서 프로그램의 이동방향과 동일하게 훈련합니다.

:: 여러 번의 반복 훈련을 통해 익숙해질 수 있도록 합니다.

:: 훈련시간은 **3분**입니다.

3 | 시지각 향상 훈련

지난 과정은 이미지를 통한 우뇌와 간뇌를 발달시키기 위한 시지각 훈련이었다면, 이번 과정은 좌뇌를 발달시키기 위한 시지각 훈련입니다.

좌측과 우측에서 이동하는 글자를 위에서 아래로 안구를 이동하여 글의 내용을 파악합니다. 글자의 크기, 이동하는 문장의 길이, 이동 속도, 배경이 되는 색까지 모두 다르게 구성되어있기 때문에 여러분이 내용을 파악하기는 매우 힘이 들 것입니다. 그러나 이번 훈련은 문장적응 훈련이 아닌 빠른 활자의 이동 속에서 여러분의 시지각능력을 개발하고 발전시키기 위한 훈련이기에 내용을 파악하지 못해도 좋습니다. 하지만 내용 파악의 의미가 없다고 해서 대충대충 훈련해도 좋다는 말은 아닙니다. 여러분이 내용을 파악하려고 노력하는 자체가 이번 과정을 위한 훈련이라고 할 수 있습니다.

1 | 프로그램 훈련 (파일명 : segi6.swf)

위 그림과 같이 17배경색에 좌측과 우측으로 활자가 이동합니다. 이동하는 글자의 의미를 파악하지 못한다고 해서 멍한 상태로 쳐다보면 안됩니다. 여러분의 안구이동능력과 넓은 시야를 통해 활자의 내용을 파악하려고 계속해서 노력해야 합니다. 노력하는 과정에서 여러분의 시지각능력은 개발되며, 빠른 시야의 흐름 속에서도 활자를 정확히 인지할 수 있는 능력이 개발되는 것입니다.

참고로 글은 두뇌에 좋은 음식들에 대한 이야기입니다.

1 지금까지 배웠던 모든 방법과 여러분들이 할 수 있는 모든 능력들을 동원하여 글자를 인지하고 내용을 파악하려고 노력합니다.

2 훈련이 끝나면 눈을 꼬옥 힘있게 감아줍니다. 눈을 감은 상태에서 안구를 시계방향과 반시계방 향으로 회전한 후 눈을 뜨도록 합니다.

훈련예제

▶ 위의 방법은 예제일 뿐입니다. 예제의 방법과 같이 훈련해도 되며, 예제를 참고하여 여러분만의 독특한 안구이동 방법을 택하여 훈련해도 됩니다. 어떻게든 내용을 파악하겠다는 과정이 중요한 훈련입니다.

2 | 실전 시지각 향상 훈련

프로그램에서는 빠른 속도로 진행이 되었기 때문에 내용을 파악하기는 매우 힘들었지 만, 여러분의 시지각 능력은 개발되고 있다는 사실을 알아야 합니다. 실전 시지각 훈련 은 고정된 활자를 인지하는 훈련입니다. 빠른 속도로 이동하던 글자를 인지하기 위해서 최선을 다한 여러분이기 때문에 고정된 활자를 인지하기는 쉽게 느껴질 것입니다.

실전 시지각 향상 훈련

:: 프로그램과 동일한 방법으로 진행하도록 합니다. 고정된 활자라고 해서 인지하는 속도를 늦추지 않도록 합니다.
:: 내용을 알고 있으면 훈련의 효과가 떨어지게 됩니다. 아래의 일본어 전체를 빠른 안구흐름을 통해 인지하려고 노력합니다.
:: 훈련시간은 3분입니다.

ぁあうおづたすぶねわさせだ私は大.を卒業して就職準備をする人ですずほ

一日は,書室で勉.を,まして,宅する中でした゚家前,町を差しかかろうとする瞬間どこ,家そして,り前だと？

たぶん暗い夜であったし運.者は路地に立っている私を見ること

もしもし゚5789回借り手になってください？いまある車がそのまま野が

バンパ.が.れたようですよ゚.家逃走車.番.を文字で送って上げ

次の日.院で友達とコ.ヒ.を.んでゆうべことを話し

馬鹿は？そのような立つあれば゙目.者を探します゚˝なにこのよう

この奴かなり純.だよ゚この頃世の中は先に.り出せば

して自身がいくらすべての（前）格は仕事を話し始めます゚

いらしゃてところでどこかで夫になるような人が出て君たちも一.に

その人あまりにもするよ゚だから警察署に君たち

そうになって行ったよね゚警察署に引っぱられるように行って30分(方)正道.

院授業が終って.書室へ行くウリョヌンデ電話

逃走車.が.い色5789回.用車合いますか？˝

お前゚ところでその所が暗くて街.も遠く隔たっ

隔たってあって色は正確に分らないが語頭ウ

じいさんは.然に.生が.ってくれたその席に座

˝前方に座っていた.生が席でさっさと立ち上が

4 | 6줄 기호인지 훈련

이번 과정부터는 교재와 프로그램에서 제시된 방법을 정확히 숙지하고 응용하여 자신만의 기호인지 능력을 만들어야 합니다. 6줄 기호를 인지하기 위한 가장 기본적인 훈련 내용으로 두 가지의 방법이 제시됩니다. 넓은 시야의 능력보다는 안구이동능력으로 한 줄씩 인지하는 방법, 시점이동능력, 주변시야, 시지각능력을 총동원하여 인지하는 형태의 방법으로 구성되어 있습니다. 제시된 두 가지의 방법을 모두 훈련한 후 자신의 방법으로 선택하여 훈련하고 이를 발전시켜 자신만의 기호인지 형태를 개발하도록 합니다.

1 | 프로그램 훈련 (파일명 : kiho6.swf)

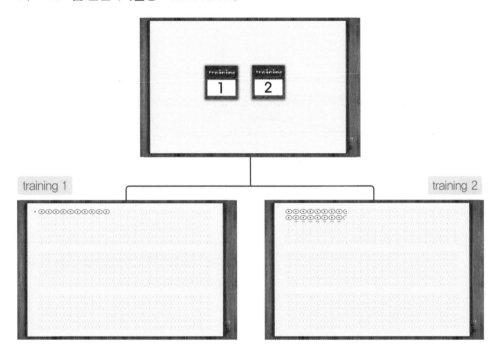

'training 1'은 그동안 여러분이 진행하던 훈련과 동일하지만 발달된 시야와 시지각 능력을 충분히 활용하기 때문에 안구가 이동하는 거리는 매우 짧습니다. 6줄의 기호에서 첫 줄은 길게 인지하고 나머지 다섯 줄의 기호는 시지각능력을 충분히 활용하여 '7'자의 모양을 그린다고 생각하고 안구를 이동하면서 기호를 인지합니다.

'training 2' 의 훈련은 'training 1' 보다는 더 넓은 시지각능력을 가지고 있으며, 간뇌와 우뇌 영상화능력이 발달하고 있거나, 발달하고 있는 과정에 있는 분들에게 권하고 싶은 방법입니다. 'training 1' 의 방법에 비해서 안구가 자연스럽게 이동되며, 이동하는 횟수가 적기 때문에 안구에서 느끼는 피로감이 적은 훈련입니다. 개인적으로 능력만 된다면 'training 2' 의 방법을 권하고 싶습니다.

2 | 실전 6줄 기호인지 훈련

두 가지의 훈련방법 모두 시점이동 훈련과 같이 좌·우 안구가 각기 다른 위치의 기호를 인지한다는 생각으로 훈련에 임하기를 바랍니다. 아래의 기본적인 훈련을 토대로 자신만의 기호인지법을 터득하기 바랍니다.

훈련 1

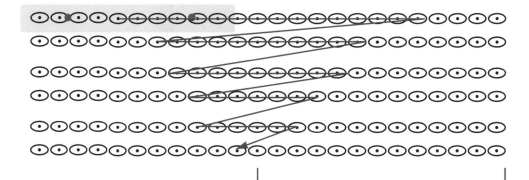

▶ 시선이동 선(빨강색)밖의 기호는 주변시야와 시지각 능력으로 인지할 수 있어야 합니다.

훈련 2

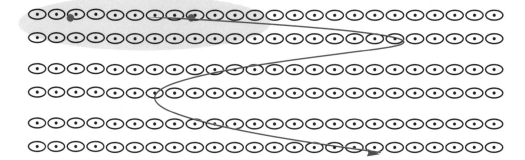

PRACTICE 03 실전 6줄 기호인지 훈련 ^[훈련 1의 방법]

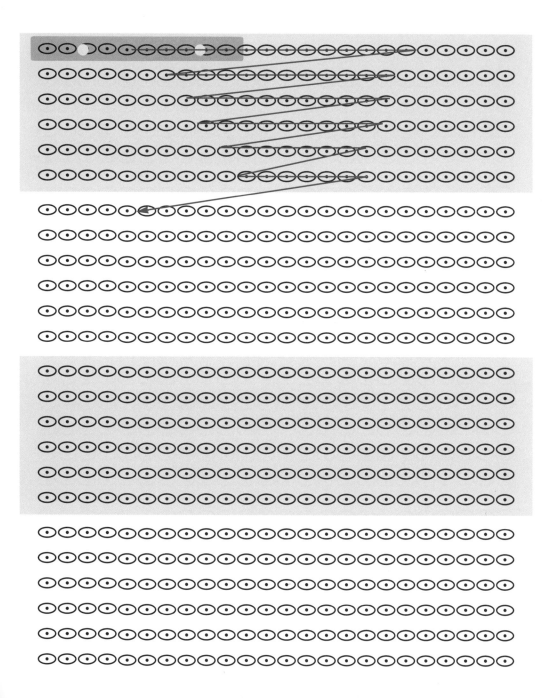

실전 6줄 기호인지 훈련 [훈련 1의 방법]

:: 책을 바르게 잡고 6줄의 기호를 정확히 인지하기 바랍니다.

:: 초점, 주변시야, 시지각능력이 모두 활용되어야 합니다. 시선의 흐름이 자연스러워질 수 있도록 반복 훈련하도록 합니다.

:: 훈련시간은 3분입니다

04 실전 6줄 기호인지 훈련 ^[훈련 2의 방법]

실전 6줄 기호인지 훈련 [훈련 2의 방법]

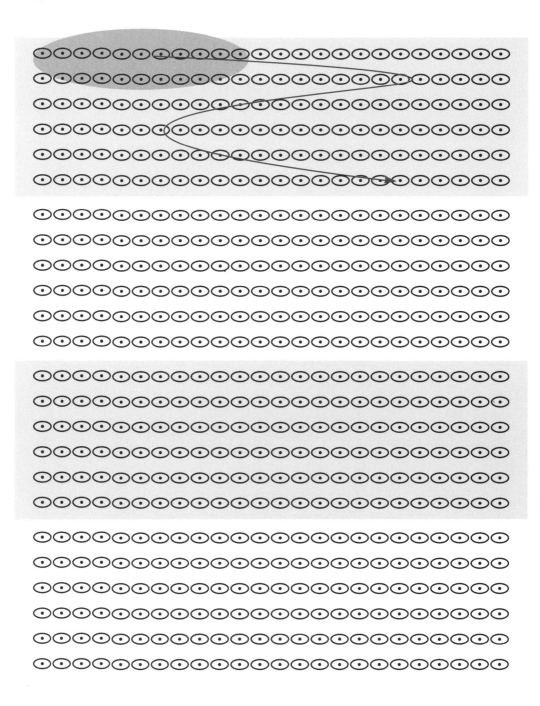

:: 책을 바르게 잡고 6줄의 기호를 정확히 인지하기 바랍니다.

:: 초점, 주변시야, 시지각능력이 모두 활용되어야 합니다. 시선의 흐름이 자연스러워질 수 있도록 반복 훈련하도록 합니다.

:: 훈련시간은 3분입니다

5 | 실전 6줄 문장적응 훈련

두 가지의 기호인지 훈련 중 여러분은 한 가지의 방법을 선택하였고, 그 방법을 토대로 6줄 기호를 인지하기 위한 여러분 자신만의 독특한 방법을 완성해가고 있을 것입니다.

6줄 기호인지 훈련이 성과를 보이고 있기 때문에, 이번 과정에서의 문장적응 훈련의 활자 인지능력은 충분할 것입니다. 그렇지만 인지한 활자를 두뇌에서 처리하는 과정에서 문제가 발생될 수 있어, '활자 전부를 인지했지만 내용이 뭔지 모르겠다'고 느끼는 분들이 있을 것입니다. 이러한 현상은 두뇌의 정보처리능력과 영상화능력이 충분히 개발되지 않은 상태이기 때문에 두뇌가 적응하는데 다소 시간이 필요하기 때문입니다. 이러한 상황에서 적응력을 높이기 위한 방법은 집중 상태에서 실전도서를 가지고 지속적으로 훈련하는 방법뿐입니다.

반드시 된다는 확신을 가지고 지속적인 훈련이 이루어진다면, 어느 순간 속독능력은 여러분의 능력이 되어 있을 것입니다.

1 | 프로그램 훈련 (파일명 : ye66.swf)

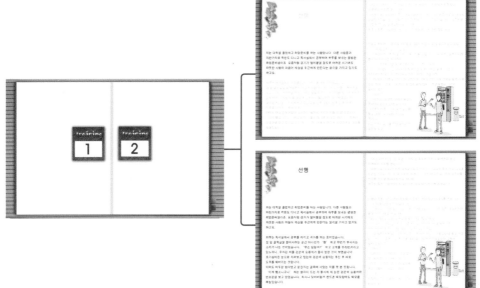

프로그램은 4줄 문장적응 훈련과 같이 단락을 인지할 수 있는 형태와, 한 페이지를 6줄 정도의 시지각과 안구흐름을 통해서 계속해서 인지하는 두 가지 방법으로 제작되었습니다. 'training 1'을 마치고 어느 정도 성취가 느껴지기 시작하면, 'training 2'를 통해 한 페이지를 인지·판독하는 능력을 키우기 바랍니다.

2 | 실전 6줄 문장적응 훈련

프로그램에서 성취한 능력을 실전 문장에 적응하는 훈련입니다. 프로그램과 지문의 내용은 같지만 활자나 문장을 인지하는 방법은 다를 수 있습니다. 꼭 6줄의 활자를 인지한다는 생각보다는 문장이나 단락의 구분에 따라 인지하도록 합니다.

활자인지 예

눈부신 햇살이 똘이의 책상까지 들어와 방긋 웃고 있는 아침입니다.

"똘이야, 어서 일어나야지~. 학교 늦겠구나!"

엄마의 목소리에도 똘이는 이불 속에서 꼼짝도 하지 않습니다. 똘이의

기척이 없자 결국 엄마는 똘이의 방문을 열고 들어오셨어요.

여전히 똘이는 파란 하늘이 그려진 이불을

얼굴까지 덮고는 꼼짝도 하지 않고 있어요.

"아니, 우리 똘이가 왜 이럴까? 어서 씻고 학교 가야지~. 이러다 정말

지각하겠구나!"

"싫어, 싫어. 학교에 안 갈테야! 정말 학교 가기 싫단 말야." 엄마가 방문을 닫고 나가시자 똘이는 겨우 몸을 일으켜 겨우겨우 학교에 갈 채비를 끝냈어요.

실전 4줄 문장적응 훈련 예제와 똑같은 내용이지만 여러분의 능력에 따라 안구의 이동하는 과정이 훨씬 간소화된 것을 느낄 수 있을 것입니다.

실전 6줄 문장적응 훈련

:: 책을 바르게 잡고, 색이 다른 형태로 표시되어 있는 5~8글자를 초점시야와 간접시야를 활용해 인지하도록 합니다.

선행

(글 : 박인수 | 글자수 : 2,113자)

저는 대학을 졸업하고 취업준비를 하는 사람입니다. 다른 사람들과
마찬가지로 학원도 다니고 독서실에서 공부하며 하루를 보내는 평범한
취업준비생이죠. 요즘처럼 경기가 얼어붙을 정도로 어려운 시기에도
따뜻한 사람의 마음이 세상을 푸근하게 만든다는 생각을 가지고 있기도
하고요.

하루는 독서실에서 공부를 마치고 귀가를 하는 중이었습니다.
집 앞 골목길을 들어서려는 순간 어디선가 '꽝' 하고 무언가 부서지는
소리가 나는 것이었습니다. '무슨 일일까?' 하고 고개를 두리번거리고
있노라니, 주차된 차를 검은색 승용차가 들이받은 것이 보였습니다.
호기심어린 눈으로 지켜보고 있는데 검은색 승용차는 후진 후 바로
도주를 해버리는 것입니다.
아마도 어두운 밤이었고 운전자는 골목에 서있는 저를 못 본 듯합니다.
'이게 뺑소니구나' 하는 생각이 듦과 동시에 제 눈은 검은색 승용차의
번호판을 보고 있었습니다. 혹시나 잊어버릴까 핸드폰 메모장에도 메모를
해 놓았습니다.

그리고 당연하다는 듯 사고 난 차량 앞 유리에 적힌 전화번호를 보고
차주에게 전화를 했습니다.
"여보세요. 5789번 차주 되세요? 방금 어떤 차가 그대로 들이 받고 그대로
도망쳤거든요. 네. 네. 앞 범퍼와 뒤 범퍼가 깨진 것 같아요. 제가 도주차량
번호를 문자로 보내드릴게요. 네. 네."
차주는 경황이 없어서인지 고맙다는 말도 없이 전화를 끊었습니다.

다음 날 학원에서 친구와 커피를 마시며 어젯밤 일을 이야기를 했습니다.
"나. 어제 그런 일이 있었다니깐."
"너 바보야? 그런 일 있으면 '목격자를 찾습니다.' 뭐 이런 플래카드가
붙고 나서 나서든가 해야지."
"아니. 그래도 그런 일 보고 어떻게 그냥 지나치냐?"
"이 녀석 상당히 순진하네. 요즘 세상은 먼저 나서면 손해라니깐."
하며 자신이 얼마 전 겪은 일을 이야기하기 시작합니다.
"나도 얼마 전에 길가다가 웬 고등학생 대여섯 명이 가게 간판을 발로 차고
있는 거야. 다행히 나도 친구 몇 명과 같이 있어서 학생들한테 그러지
말라고 했지."
"그래서?"
"그래서는 당연히 시비가 붙었지.
무서워서였는지 안에 숨어계시던
가게주인 아주머니는 우리 소리를
듣고 그때서야 나오시더라고.
주위가
시끄러워지고 사람들이 모이니까
경찰도 오고..."

친구는 그때 생각이 나 목이 타는지 커피 한 모금을 마시며 이야기를
이어갔습니다.

"그런데 당연히 우리는 도와줬으니까 굳이 경찰서까지 갈 필요가 없잖아.
주인 아주머니도 계시고. 그런데 어디선가 남편 되는 듯한 사람이 나와서
너희들도 같이 가자고 하면서 우리를 죄인 대하듯 하는 거야."

"그 사람 너무하네. 그래서 경찰서에 너희도 갔어?"

"그래 갔지. 경찰서에 끌려가듯이 가서 30분 정도 있으니깐 가게 청소하고
오신 아주머니가 이 사람들은 아니라고 하면서 이야기 해주더라고. 너도
괜히 먼저 나서서 어쩌면 내 꼴 날지도 몰라."

학원수업이 끝나고 독서실로 가려는데 전화 한 통이 걸려 왔습니다.
경찰서더군요.

"어제 5789차량 사고 목격자십니까?"

"네."

"도주차량이 검은색 5789번 승용차 맞습니까?"

"네. 근데 그곳이 어둡고 가로등도 멀리 떨어져 있어서 색은 정확히
모르겠지만 어두운색은 맞는 것 같아요."

"네. 감사합니다."

전화를 끊고 잠시나마 '사고 낸 차량주가 내가 알려준걸 알아서 보복이라도
하면……, 아니야 보상금이라도 주려나? 아니면 투철한 신고정신
시민 상 같은 거라도 주려나?' 하는 즐거운 상상도 해봤습니다.

하지만 그 이후론 고맙다는 인사는커녕 아무런 전화도 문자메시지도
없더군요.

누구나 그렇듯이 기대가 있으면 그에 따른 실망도 있기 마련이지요.

'괜히 나서서 나만 감정 소비했구나' 하는 생각도 들더군요.

어쩌면 친구의 말대로 '먼저 나서서 이익되는 것은 없구나' 하는 생각도 들고요.

며칠 후, 그 날도 여전히 학원을 가기 위해 저는 아침 일찍 버스를 탔습니다. 그날따라 만원이던 버스는 몇 자리가 남아있어서 자리에 앉게 되었죠. 다음 정거장에서 한 할아버지께서 버스에 올라 타셨는데, 앞 쪽에 앉아있던 학생이 자리에서 냉큼 일어서는 것이었습니다. 할아버지는 당연히 학생이 양보해준 그 자리에 앉으셨죠. 하지만 학생의 가방을 들어준다든지 고맙다는 인사는 없었습니다.

그리고 다음 정거장에서 빈자리가 한 자리 생기고, 그 학생은 다시 그 자리에 앉았습니다. 그런데, 또 그 다음 정거장에서 머리가 하얀 할머니가 타시자 재빠르게 일어나 당연하다는 듯 자리를 양보하는 것이었습니다. 이번에도 할머니는 고맙다는 인사도 없었습니다.

그리고 몇 정거장 후 같은 일이 일어났죠. 하지만 이번에 양보 받은 할머니는 고맙다며 학생의 가방도 들어주고, 예쁘게 생겼다면서 학생을 흐뭇하게 한참을 바라보시는 것이었습니다.

만약 저 학생이 나였다면 나는 처음 번, 아니 두 번 실망을 하면서 다시는 양보하고 싶지 않았을지도 모르겠다는 생각이 들더군요. 그랬다면 세 번째 할머니의 미소를 볼 수 없었겠죠. 아니 버스 안의 그 광경을 보고 있던 다른 승객들의 얼굴에 머금어진 미소를 보지 못했겠죠?

문득 저는 며칠 전의 일을 생각해 보았습니다. '내가 그 차주에게 고맙다는 말 들으려고 신고했나? 내가 그 차주에게 보상금을 바라고 신고했나?' 처음은 그렇지 않았지만 언제부터인가 내 마음 한 곳에 아무런 답이 없는 차주에 대한 미움이 있었던 것입니다.

바로 그런 마음이 저를 초조하게 만들고 세상에 어우러짐은 보이지 않게 했던 것이지요.

다른 사람에게 행하는 선행이란, 보상을 바라는 마음을 가졌을 때 이미 그것은 선행이 아니라는 것을 알았습니다. 아무런 보상을 바라는 마음 없이

행해지는 선행만이 진정 아름다운 것이지요. 이 세상은 바로 이러한 선행이 있을 때 진정 따뜻해지는 것이 아닐까요.

	1회			**2회**			**3회**		
인지 시간		분	초		분	초		분	초
		분	초		분	초		분	초

6 | 실전 독서훈련

여러분의 독서능력과 속독능력은 발전에 발전을 거듭하면서 지금의 과정까지 진행되었습니다. 여러분은 속독 훈련을 진행하기 전 도서의 활자를 인지하던 방법과 지금 현재 활자를 인지하는 방법은 많은 차이를 보이고 있을 것이며, 집중력과 두뇌능력(우뇌, 좌뇌, 간뇌)까지 활용하는 폭 넓고 효율적인 속독능력을 만들어 가고 있습니다.

이번 과정의 실전 독서훈련은 페이지나 목차의 구분에 의하여 절반씩 나누어 두 번씩 독서하는 방법으로 진행이 됩니다. 두 번씩 진행되는 이유는 효과적인 안구흐름의 완성과 두뇌능력을 빨리 독서에 적응시키기 위해서 진행이 되는 것입니다.

처음부터 끝까지 한 번의 과정을 통해 도서의 내용을 파악하는 것도 좋은 방법이기는 하지만, 여러분은 지금 훈련을 하고 있다는 사실을 명심하기 바랍니다.

훈련 방법

1. 독서할 부분에 대한 목표를 설정하도록 합니다. 목차나 페이지의 구분에 의해 도서의 절반정도를 목표로 설정합니다.

2. 정해진 시간은 없습니다. 설정된 목표 페이지까지 읽고 나서 시간과 중요내용을 기록하도록 합니다.

3. 처음부터 읽기 시작하여 설정된 목표 페이지까지 다시 한 번 읽고, 시간과 앞서 기록했던 중요내용에 추가내용을 기록합니다.

4. 두 번째 설정된 페이지부터 시작하여 도서의 뒷 표지까지 읽도록 합니다. 읽고 나서 시간과 중요내용을 기록합니다.

5. 두 번째 설정된 페이지부터 다시 읽기 시작하여 뒷 표지까지 읽고, 시간과 앞서 기록했던 중요내용에 추가내용을 기록합니다.

실전 독서훈련

◆ 도서 내용

읽은 책	
지 은 이	

◆ 내용기록

읽은 시간		분	초

1차 목표

읽은 시간		분	초

다시 1차 목표

:: 주변 환경을 정리하고 집중된 상태에서 지금까지 훈련했던 내용을 바탕으로 빠르게 진행하도록 합니다.

:: 독서할 부분에 대한 목표를 설정하도록 합니다.

읽은 시간		분		초

2차 목표

읽은 시간		분		초

다시 2차 목표

등장인물과 성격

①	
②	
③	
④	

배경	시간적	
	공간적	

7 | 성취도 테스트

커리큘럼의 일정대로 진행이 되었다면 3주의 시간이 흐른 시점이 될 것입니다. 이번 과정은 그동안의 노력의 결과가 어떻게 변화되고 발전되었는지를 확인하는 과정입니다. 꾸준한 훈련이 진행되지 않았거나 훈련에 소홀히 임했던 분들이라면 이번의 성취도 테스트는 진행하지 말고 부족한 만큼 충분히 훈련에 임한 후 테스트를 진행하기 바랍니다.

1 훈련 시작 전에 사전 테스트에서 진행했던 도서의 난이도와 비슷한 도서를 선택합니다.

2 주변 환경을 정리한 후 깊은 심호흡을 하도록 합니다.

3 지금까지 진행했던 훈련내용을 바탕으로, 멈추지 말고 끝까지 읽도록 합니다.

4 시간측정 도구를 이용하여 반드시 시간을 기록하도록 합니다.

독서시간	분	초

1줄 인지시간	줄

▶ 테스트 후 지난 과정의 독서능력과 비교하는 시간을 꼭 갖도록 합니다.

★ 다음 21일의 훈련은 교재와 프로그램 훈련보다는 지금까지 훈련했던 내용과 방법을 바탕으로 실전 독서에 적용하는 훈련을 하도록 합니다.

영어 속독법

이 과정에서 다루고자 하는 영어 속독법은 영문법, 어휘력, 문장파악능력에 대한 부분의
내용은 아닙니다. 영어 원서를 읽을 수 있는 실력은 되지만 잘못된 습관 때문에 읽는 속도
가 느려 각종 시험에서 좋은 결과를 만들어 내지 못하는 분들을 위한 훈련 과정입니다.

여러분은 지금까지 한글로 된 책을 속독하는 훈련을 진행해왔으며, 그러한 훈련을 통해
능력을 발전시켜 가고 있습니다. 결론부터 말씀드리면, 한글로 된 책을 속독할 수 있는
분들은 영어 원서로 된 책도 속독할 수 있습니다.

원어민들은 평균적으로 한 번에 세 단어씩 인지하고 판독하지만, 우리나라 사람들은 영
어 원서를 읽을 때 한 단어씩 인지·판독합니다. 한 단어씩 인지·판독하는 이유는 번역
하려는 습관 때문일 수도 있지만, 세 단어씩 인지할 수 있는 시점이동능력과 시지각능력
이 활성화 되지 않았기 때문입니다. 여러분들은 그동안 한글 속독을 진행하면서 이러한
능력이 활성화되어 있기 때문에 영어 원서를 읽을 수 있는 실력만 된다면 속독도 충분히
가능할 것입니다.

1 | 영어 원서 속독을 해야 하는 이유

각종 영어 시험의 고득점자와 그렇지 못한 자의 차이는 읽는 속도에 달려있다고 해도 과
언이 아닙니다. 예를 들어 서울대학교에서 주관하는 'TEPS' 시험 과정 중 어휘
(Vocabulary)는 50문항을 15분에 해결해야 하며, 문법(Grammar)은 50문항을 25분에
해결해야 합니다. 다양한 주제의 짧은 지문들이 등장하지만 읽는 속도가 느리다면 시간
안에 문제를 해결할 수 없게 된다는 것입니다.

또 외국에 있는 대학에서 공부를 하거나 다국적 기업에 취직하여 자신의 능력을 발휘하

기 위해서는 최소한 분당 150단어는 읽을 수 있어야 하지만, 우리나라 사람들은 평균 60~70단어 정도를 인지하고 판독하는 수준입니다. 그러므로 공부와 업무에서 남들보다 앞서고자 한다면, 반드시 영어 원서나 서류를 효과적으로 읽기 위한 속독능력은 필요한 것이라고 할 수 있습니다.

2 | 영어 원서 속독을 하려면

1 | 적은 양이라도 매일 꾸준히 읽도록 해라

하루에 조금씩 읽는 양이 쌓이고 쌓이면 엄청나게 많은 양이 됩니다. 날짜를 잡아서 한 번에 읽는 것도 방법이 될 수 있지만, 영어는 감을 잃지 않는 것도 중요합니다. 읽는 과정 에서도 막연하게 읽는 것보다는 스톱워치를 두고 한 페이지의 읽는 시간을 초 단위까지 기록하며 읽도록 합니다. 시간을 기록하게 되면 여러분은 자연스럽게 집중하게 되고, 더 높은 능력을 이루고자 하는 목표가 있는 독서가 진행됩니다.

2 | 영어에 자주 노출시켜라

뉴질랜드 빅토리아 대학의 폴 슐츠버거 박사의 연구결과에 의하면, 외국어를 잘하기 위 해서는 뇌가 외국어를 받아들일 수 있는 새로운 신경조직을 강화해야 한다고 합니다. 이 러한 신경조직을 강화하기 위해서는 영어가사의 음악을 듣고, 외화를 관람하고, 뉴스를 듣는 등 우리의 뇌를 영어에 자주 노출시켜야 한다는 것입니다. 시간과 방법을 동원하는 것도 좋겠지만 여러분의 일상생활 중 작은 부분부터 시작하는 것도 좋은 방법이 될 수 있습니다. 예를 들어 인터넷 시작페이지를 'ABC뉴스'나 'CNN'으로 설정해 놓는다면 최소한 헤드라인이라도 읽게 될 것이며, 관심 있는 기사를 클릭하면서 자연스럽게 영어 에 노출될 수 있을 것입니다.

3 | 시지각 능력을 최대한 활용해라

앞서도 언급했듯이, 원어민들은 세 단어 이상을 인지·판독하지만 우리나라 사람들은 한 단어씩 인지·판독하는 습관을 가지고 있습니다. 이러한 계산에 따르면 원어민이 한 시간에 책 한 권을 읽을 동안, 우리나라 사람들은 세 시간 이상이 소요되게 됩니다.

지금까지 여러분들은 시야확대 훈련, 시지각 훈련을 충분히 진행해왔습니다. 이러한 능력을 지금까지 한글에만 적용했지만 이제부터는 영어에까지 적용을 해야 합니다. 여러분의 시지각 능력은 원어민들보다 더 넓고 정확하기 때문에 세 단어 이상을 인지·판독할 수 있습니다.

지금부터 영어 문장을 읽어갈 때 한 단어씩 인지하던 습관은 버리도록 합니다. 대신 시지각 능력을 충분히 활용하여 끊어서 읽어야 할 부분의 단어 전체를 한 번에 인지하고 시선을 우측으로 빠르게 이동하도록 합니다.

한글을 처음 속독했을 때의 기억을 떠올려 보세요. 음절로 진행하던 독서에서 단어 형태로 독서가 진행되기 시작했을 때, 처음에는 이해가 잘 되지 않았지만 반복된 훈련을 통해 두뇌에 새로운 신경조직이 강화되기 시작하면서 이해가 되기 시작했을 것입니다. 영어 원서 읽기도 한글과 마찬가지 입니다. 여러분은 한글을 속독할 수 있는 능력이 있기 때문에, 영어 원서를 읽기 위한 속독은 훨씬 쉽게 접근할 수 있을 것입니다.

[예제]

Tom gets surprised   when he tries to turn down the volume   with the remote control.

▶ 끊어서 읽어야 할 부분의 단어 전체를 한 번에 인지한다.

4 │ 이미지 연상능력을 최대한 활용해라

한글 속독의 진행과정 중 영상화 훈련을 진행했던 경험이 있을 것입니다. 그러한 방법을 영어 원서 읽기에 그대로 적용하도록 합니다. 번역하려던 습관과 생각은 버리도록 하며, 어순의 배열에 충실하게 쓰여진 그대로 문장 전체를 이미지로 떠올려 보도록 노력합니다.

오랫동안 진행해오던 번역 습관 때문에 처음부터 잘 진행되지는 않을 것입니다. 처음부터 너무 욕심을 내는 것보다는 한 문장씩 읽고 영상을 떠올리기를 반복하면 여러분의 능력은 어느 순간 적응하는 시기를 거쳐 자신의 능력으로 발전되어 있을 것입니다. 문장이 자연스럽게 영상으로 떠오르기 시작하면, 단락을 읽고 영상을 떠올리기를 반복합니다. 훈련을 계속 진행하면 여러분의 독서능력은 원어민보다 앞설 수 있을 것입니다.

5 | 회귀와 되읽기를 구분하자

영어 원서를 읽는 학생들을 관찰하다 보면, 읽는 도중 회귀를 하는 모습과 되읽기 하는 모습을 자주 보게 됩니다. 회귀는 독서 중 자신이 놓쳤거나 잘못 이해한 부분을 더 정확하게 이해하기 위해서 그 부분을 다시 읽는 것이지만, 되읽기는 충분히 이해하고 있으면서도 번역의 습관과 독해에 대한 걱정 때문에 되읽기를 하는 것입니다. 이러한 되읽기의 습관만 없애도 영어 원서를 읽는 속도는 두 배로 증가하게 될 것입니다.

3 | 프로그램 훈련(파일명 : eng.swf)

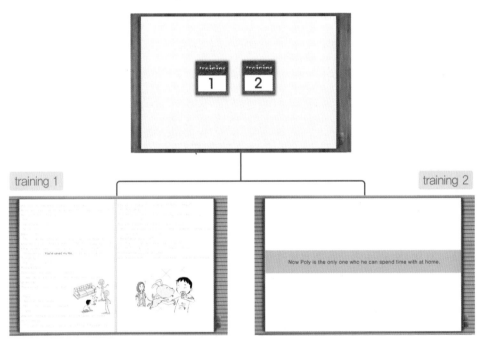

'training 1'의 훈련은 시지각능력을 충분히 활용하여 끊어서 읽어야 할 부분의 단어 전체를 한 번에 인지하는 습관을 훈련하는 과정이며, 'training 2'의 훈련은 한 문장을 시지각능력과 시선이동능력을 통해 문장 전체를 한 번에 인지하고 내용을 이해하는 훈련입니다. 처음에는 이해가 되지 않을 수도 있지만, 계속된 반복 훈련을 진행하면 어느 순간 내용이 이해 될 것이며, 이러한 훈련을 통해 영어 원서를 읽는 능력은 한층 발전된 모습을 보이게 될 것입니다.

문장적응 훈련

:: 책을 바르게 잡고, 색이 다른 형태로 표시되어 있는 단어들은 시지각능력을 활용하여 전체를 인지하고 빠르게 우측으로 이동합니다.

Trash in Space

(By Park In-su | Total letter : 2,528)

Beep!

That marks the end of the last class.

As always, Tom is the first one who storms out of the classroom.

"Tom you have to do the cleaning."

Says Lisa, who always takes initiative in class activity.

She is popular among her classmates and liked by her teacher.

"Don't you remember? The teacher told you to clean the classroom

for not having done your homework."

"Ah"

Tom's just got reminded.

He hates Lisa when she acts like this.

'She always tries to mind, everybody's business.'

Though he picks up a mob muttering to himself, his mind is all

occupied by something at home.

'Gee, 'King Kong, the Space Monster' should start soon.'

Tom lost his father one year ago.

His mom had to start working to make a living.

Now Poly is the only one who he can spend time with at home.

Poly is the dog which his father gave him for his birthday.

It is now fully grown to have its ears straight up and bark

when strangers come along.

For some time after Tom met Poly, he did not realize how time passed

playing with it, but the dog became number 2 as his friend

after his mom started working, following TV.

"Tom the teacher said you would do the men's room cleaning

if you do not your homework tomorrow, either. So do your work

this time."

Says Lisa. She stays to help him arrange the classroom.

But Tom appears not to hear anything.

When the cleaning is over, he rushes straight home.

'I can't miss out on my favorite series.'

When the front door opens, Poly runs to him, wagging its tail.

But Tom does not feel for it.

After his mom started working, he does not even want to spend time

feeding the dog.

"Hey, behave yourself."

He locks up the dog in a small room and picks up the remote control

in the living room.

His mom never allows him to watch TV while she is home,

so he wants to catch up on the show she has missed.

Now an animation featuring a space monster is on.

Poly barks as if telling him to play with it.

Tom who sits on the sofa laughing and talking while watching TV
turns up the volume as if annoyed.

It is then when a bright light comes through the window.

A strong, blue ray of light.

'What's that?'

Clink

The window breaks and someone walks in. Something actually.

The strong light makes it difficult for to see what it looks like, but
it is approaching him.

"Hey, come and check this out."

There should be more of the kind?

"It's strange. We see things like this a lot these days."

"You said it. They keep increasing on the earth."

Judging by their dialogue, they seem to come from the space. ·

'Excuse me, but who are you? Excuse me?"

Tom speaks up but does not seem to be heard.

'Maybe because of the sound of TV.'

Tom gets surprised when he tries to turn down the volume
with the remote control.

His hands are not visible.

So are his foot and body!

'What's happening to me?'

He looks at himself in a piece of broken glass.

"Let's leave with it."

One of them lifts tom with one hand effortlessly.

Tom is now a sofa cushion with eyes only.

Then Poly, which somehow got out of the room, cuts in the aliens's way.

"Please don't take my friend."

It talks!

"No way, space trash like this must be disposed of. We are busy enough. Get out of our way.

"My friend is not trash. I'm begging you."

"These days kids only watch TV without doing what they are supposed to, like your friend. Space trash comes from such a situation. It is the most worthless thing in the entire space. What would be the use of a sofa cushion with eyes only to watch TV?

"My friend is a good boy. He runs errand for her mom and picks up after himself. He is just having a rest after school for a short while."

"This situation can't be found in a man taking a short rest. It can happen only in a man who spends his day like this all the time. Don't lie to us."

The aliens now moves to take Tom out of the window.

As a last resort Poly grabs one of them by its leg.

"Take me with you then. I will be as worthless as trash in this house without him."

"How is that? You are a guard for this house. You are the most needed here."

"I came here on my friend's birthday a few years ago. I was young but I still remember when he gave me a warm hug.

As his parents do, I live for him. With out him I am use less like trash.

So if you take him take me, too."

"Whew."

One of the alien sighs.

"What a pity."

Says the other.

"Here is the deal. Let's have him give us a word that he will do what he has to do before watching TV at home. If he does not honor his word, we will take him even before he turns into a cushion."

'Thank you Poly. You've saved my life, for all I've done to you.'

Tom sheds tears.

"You can do it, can't you?"

Poly asks Tom.

Tom bats his teary eyes as a sign of yes.

"Okay. We will watch over you whether you honor your word all the time."

The alien puts Tom back on the sofa.

"Tom!"

'Mom? It's Mom's voice!'

"Tom, did you do your homework?"

"Mom!"

She seems to have just got home, carrying a basket full of stuff for his nice meal.

"Tom, didn't I tell you to finish your work first and then watch TV?

Why did you lock up Poly in the room? Did you feed it?"

'Ah, Poly. My friend.'

When he opens the room door Poly jumps to him wagging its tail.

"Thank you, Poly."

Tom gives it a firm hug and then runs to his mom.

"Mom, I am going to be a good boy who finishes what he has to do first. I will be a useful man for the world.

"What happened to you?"

Though looking dubious, she is proud of her son.

At night, Tom calls Lisa about the home work and things to do together at school tomorrow.

And he writes a journal.

'Things to do today. Things to do tomorrow.'

인지 시간	1회	분	초	2회	분	초	3회	분	초
		분	초		분	초		분	초

242 여섯 번째 훈련

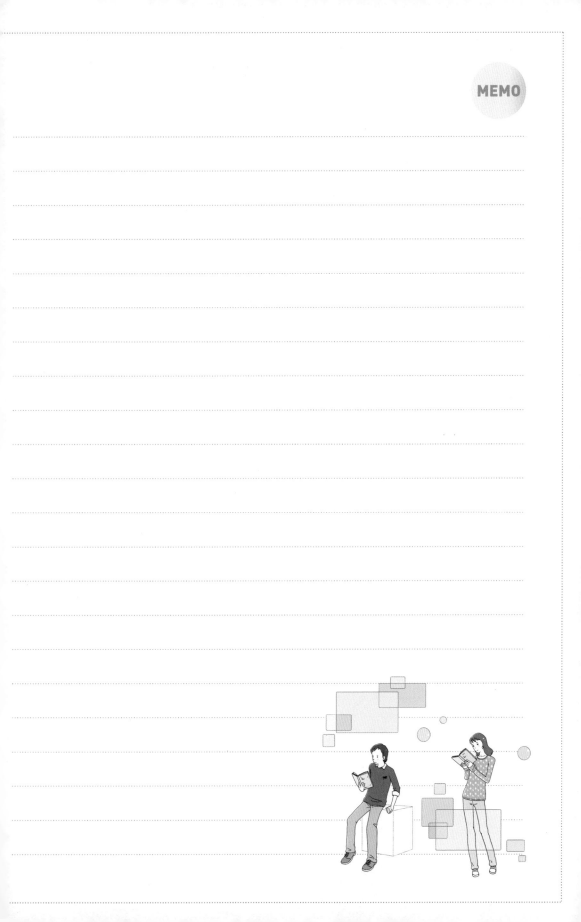

MEMO

DAY
22~24
일곱 번째 훈련

성공을 위한
독서 키워드
· · ·
속독법

DAY 22~24

안구 훈련/기호 훈련 10줄

이 교재와 프로그램 훈련의 마지막 과정입니다. 어쩌면 여러분들이 TV나 언론매체 등을 통해서 보았던 '독서천재'들의 모습과 같이 독서를 진행할 수 있게 되는 과정이기도 합니다.

'과연 내가 할 수 있을까?' 라는 걱정스러운 생각보다는 '최선을 다해 노력하면 분명 될 수 있다'는 확신이 가장 중요한 시기이며, 커리큘럼의 일정보다 더 길어질 수도 있는 훈련과정입니다.

도서들의 대부분은 한 페이지 당 20~25줄의 구성으로 되어 있습니다. 10줄 훈련은 한 페이지를 문장의 구성에 따라 두 개의 영역으로 나누어 활자를 인지하고 판독하는 훈련입니다. 영역과 영역의 연결이 끊김 없이 부드럽게 연결되기 시작하면, 마치 한 페이지를 한눈에 '쏙' 읽는 것처럼 느껴지게 될 것입니다.

이 훈련과정을 진행하는데 있어서 가장 중요한 점은 '지금까지 훈련이 얼마나 성실하게 진행되었는가?' 그리고 '교재와 프로그램이 원하는 결과에 맞게 독서능력발전을 이루고 있는가?' 입니다. 아래 사항을 체크하고 교육 진행 여부를 판단하기 바랍니다.

4주차 훈련을 진행 OK.NO

1 속독을 통한 자신의 능력향상에 확고한 신념이 있는가?

2 지금까지의 훈련내용에 최선을 다했는가?

3 교재와 프로그램이 원하는 결과에 맞게 독서발전을 이루고 있는가?

4 실전 테스트를 통한 자신의 발전을 확인하고 있는가?

위의 사항을 점검한 결과 두 개 이상이 부정적인 결과라면, 이번 훈련보다는 자신이 부족하다고 느끼는 단계부터 다시 훈련에 임하는 것이 좋을 것입니다. 기본부터 착실하게 쌓지 않은 속독은 좋지 못한 결과를 만들 수 있습니다.

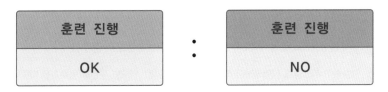

1 | 호흡/명상 훈련

컵에 반잔의 물이 담겨있습니다. 하지만 이것을 바라보는 관점은 제각기 다릅니다. 어떤 이는 '반 잔밖에 남지 않았다'고 불평하기도 하고, 어떤 이는 '반잔이나 물이 남았다'고 흐뭇해합니다. 이렇듯 나의 생각에 따라 세상은 달라 보이고, 그러한 생각에 의해 삶의 질과 운명이 달라지는 것입니다.

아래의 '비전노트'에 자신이 이루고 싶은 목표 5가지를 구체적으로 적어봅니다. 그리고 '비전노트'에 기록한 내용을 호흡/명상 중에 구체적으로 떠올려 봅니다.

비전노트

① ....

② ....

③ ....

④ ....

⑤ ....

1 훈련자세는 지난 단계의 훈련과 동일합니다.

2 '비전노트'에 기록된 5가지 목표를 구체적인 영상으로 떠올려 봅니다.

3 부정적인 생각은 버리세요. 될 수 있다는 긍정적인 생각이 중요합니다.

4 길게 들이마시고 길게 내쉬도록 합니다. 이때 내쉬는 호흡을 더 길게 합니다.

5 막힘없이 부드럽게 진행되어야 하며, 어지러운 증상이 있으면 훈련을 멈추기를 바랍니다.

2 | 시점이동 훈련

이번 과정의 훈련은 앞 단계의 시점이동 훈련을 응용한 훈련입니다. '기호인지 10줄'과 '문장적응 훈련'에 필요한 능력을 사전에 훈련하여 훈련 효과를 높이기 위한 훈련이기도 합니다. 앞 단계의 훈련은 안구의 이동이 부드럽지 못하고 '딱딱' 끊어지면서 진행되었지만, 이번 과정은 두 개의 기호가 부드러운 안구흐름 속에서 위에서 아래로 진행되는 훈련입니다. 두 개의 기호를 정확히 인지하도록 합니다.

1 | 프로그램 훈련 (파일명 : se7.swf)

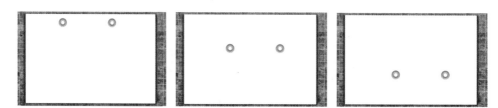

훈련 방법

1. 좌측의 기호는 좌측의 눈으로, 우측의 기호는 우측의 눈으로 인지합니다.

2. 기호를 인지하는 좌 · 우측 안구를 통해 충분한 시야를 확보해야 합니다.

3. 충분한 시야가 확보된 상태에서 막힘없이 부드럽게 진행되어야 합니다.

4. 안구의 흐름에 따라 확보된 시야가 계속 유지될 수 있도록 노력합니다.

2 | 시점이동 훈련표

프로그램의 구성과 달리 좁은 시야부터 점차 넓은 시야까지 3단계의 훈련이 진행됩니다. 프로그램과 같이 이동하는 기호가 없기 때문에 본인의 안구이동능력이 최대한 발휘되어야 합니다. 대충대충 한다는 생각은 버리고, 두 개의 선을 따라 막힘없이 진행되도록 노력합니다.

시점이동 훈련표

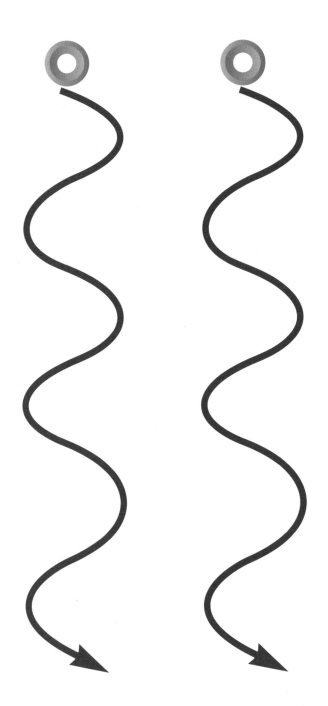

:: 책을 바르게 잡고 좌 · 우측 안구를 통해 기호를 인지한 상태에서 선을 따라 부드럽게 이동하도록 합니다.

:: 이동 중에도 넓은 시야가 유지될 수 있도록 노력합니다.

:: 3분 동안 반복 훈련하여 익숙해지도록 합니다.

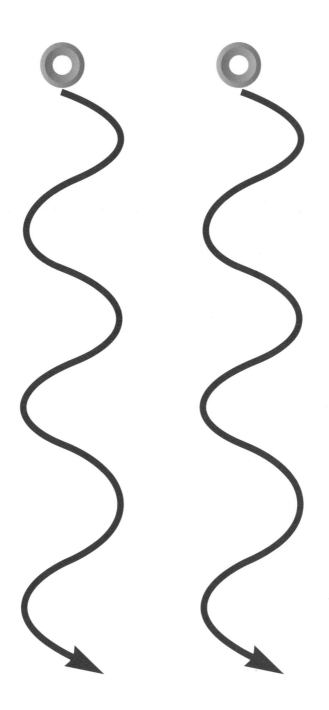

3 | 시지각 향상 훈련

이번 훈련은 지난 과정의 시지각 향상 훈련과 동일한 형태의 훈련입니다. 다르다면 지난 과정에서는 17개의 배경색이 사용되었지만, 이번 과정에서는 22개의 배경색이 사용되었으며 글자의 크기도 작아졌습니다. 하지만 지난 과정을 통해 한 번의 훈련 경험이 있는 상태이고 글의 내용도 짧기 때문에, 여러분이 인지하고 판독하기에는 지난 과정보다 쉬울 것입니다.

1 | 프로그램 훈련 (파일명 : segi7.swf)

이 훈련은 내용을 파악하기 위한 훈련이 아닙니다. 빠른 글자의 움직임 속에서 활자를 정확히 인지할 수 있는 능력을 향상시키기 위한 훈련입니다. 시점이동 훈련에서 진행하는 방법을 이번 과정에 적용하여, 넓은 시야 속에서 이동하는 활자를 인지할 수 있는 능력을 향상시키기 바랍니다.

2 | 실전 시지각 향상 훈련

지난 과정의 훈련방법과 동일하게 진행됩니다. 글의 내용을 파악하기보다는 활자를 인지하기 위한 시지각 향상 훈련입니다.

훈련
방법

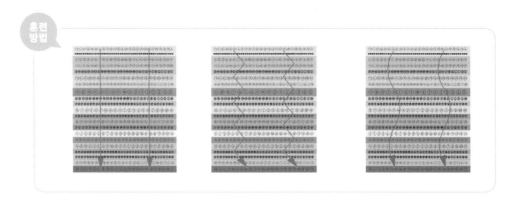

실전 시지각 향상 훈련

:: 프로그램과 동일한 방법으로 진행하도록 합니다. 고정된 활자라고 해서 인지하는 속도를 늦추지 않도록 합니다.

:: 빠른 안구의 흐름을 통해 글자 전부를 인지하려고 노력합니다.

:: 훈련시간은 3분입니다.

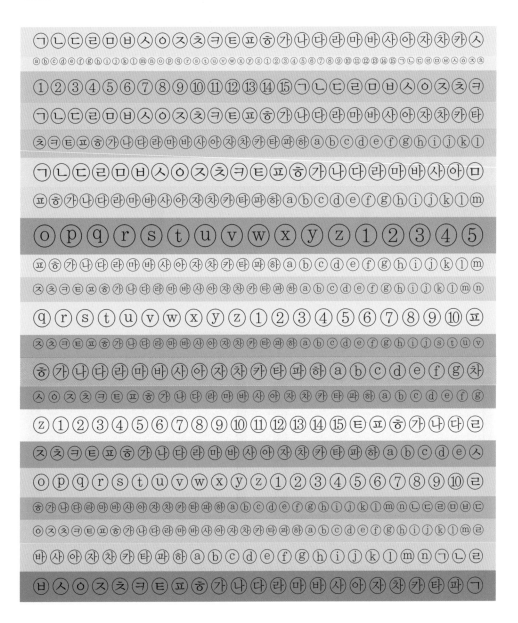

4 | 10줄 기호인지 훈련

6줄 기호인지 훈련을 통해 충분한 능력 발전을 이룬 후 이번 과정의 훈련을 진행하도록 합니다. 만약 6줄 기호인지 훈련에서 약간 부족한 부분이 있다고 느낀다면, 이번 과정의 훈련을 통해 더욱 완벽해질 수 있을 것입니다.

6줄 기호인지 훈련과 같이 이번 과정에서도 두 가지의 훈련방법이 제시됩니다. 두 가지의 훈련방법 모두 시점이동능력, 주변시야, 시지각능력을 우뇌 작용을 통해 인지하는 형태이지만, 안구의 이동방향과 과정이 다르게 구성되어 있습니다.

두 가지의 훈련방법 중 어떤 것이 가장 좋다고 단정지을 수 없기 때문에 두 개의 방법을 모두 훈련한 후, 자신의 능력에 가장 적합한 방법을 선택하여 집중적으로 훈련하도록 합니다.

1 | 프로그램 훈련 (파일명 : kiho10.swf)

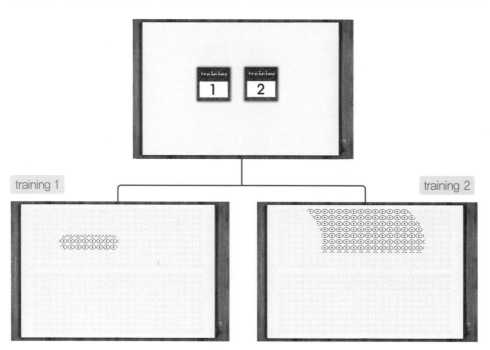

'training 1'의 훈련은 6줄 기호인지 훈련을 발전시킨 형태입니다. 타원형 형태를 다량으로 인지한 상태에서 안구흐름을 따라 기호를 빠뜨리지 않고 인지하려고 노력합니다.

'training 2' 의 방법은 앞서 진행되었던 시점이동 훈련과 시지각 훈련에서 개발된 능력이 충분히 활용되어야 하는 훈련입니다. 충분히 시야를 넓힌 상태에서 위에서 아래로 기호를 인지하는 형태입니다.

훈련을 하다보면 '검게 변하지 않는 부분도 인지해야 되는 것이 아닌가!' 라는 의문이 생기기도 하겠지만, 우선은 검게 변하는 기호만을 인지하면 됩니다. 검게 변하는 기호를 인지할 수 있는 능력만으로도 여러분의 활자인지능력은 상승할 것입니다.

2 | 실전 10줄 기호인지 훈련

프로그램은 진행방법과 방향이 일정하게 구성되어 있습니다. 하지만 이러한 10줄 기호인지 훈련이 독서에 적용되기 위해서는 프로그램뿐만 아니라 10줄의 기호를 인지할 수 있는 자신만의 안구이동능력이 형성되어야 합니다. 실전 기호인지 훈련을 통해 프로그램에서 제시된 방법뿐만 아니라 자신의 능력에 맞게 다양한 형태로 인지하는 방법을 터득해보기 바랍니다.

training 1

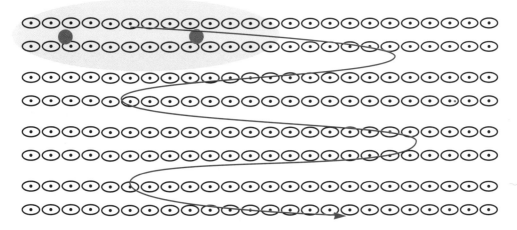

위 그림의 타원형만큼 시야를 확보한 상태에서 자연스러운 안구이동을 통해 10줄의 기호를 모두 인지하는 훈련입니다. 훈련에서 중요한 점은 기호 하나라도 절대 빠트려서는 안 된다는 것입니다.

프로그램에서는 시폭을 이용하여 기호를 위에서 아래로 이동하는 하나의 방법을 제시했지만, 실전 기호인지 훈련은 세 가지의 방법을 제시합니다. 세 가지 모두 훈련을 진행해보고 개인의 성향과 능력에 가장 적합한 훈련을 선택하도록 합니다.

훈련 1

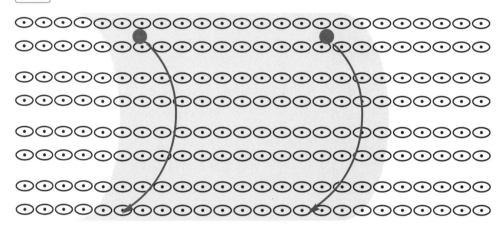

훈련 2

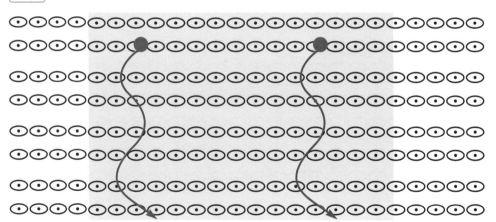

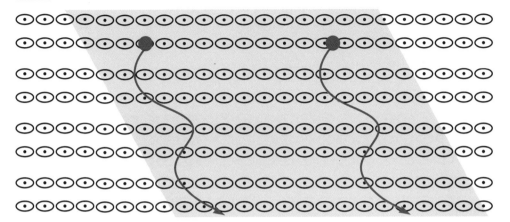

실전 10줄 기호인지 훈련

:: 책을 바르게 잡고 10줄의 기호를 자신의 안구이동방법과 능력에 따라 정확히 인지하도록 합니다.

:: 초점, 주변시야, 시지각능력이 모두 활용되어야 합니다. 시선의 흐름이 자연스러워질 수 있도록 반복 훈련하도록 합니다.

:: 훈련시간은 **3분**입니다.

5 | 실전 10줄 문장적응 훈련

10줄 문장적응 훈련은 적게는 10줄을 인지하고 판독할 수 있어야 하며, 많게는 한 번의 안구흐름을 통해 한 페이지 전체를 인지·판독하는 훈련과정입니다.

여러분은 10줄 기호인지 훈련에서 네 가지의 방법 중 하나의 방법을 선택해 집중적으로 훈련하였을 것입니다. 이번 과정에서는 그 방법으로 실전 문장에 적용하는 훈련이며, 기호인지 훈련에서 진행된 방법을 기본으로 활자와 문장의 구조에 따라 변형시켜 인지하도록 해야 합니다.

프로그램은 일정한 속도를 가지고 이동하게 되어 있습니다. 개인적 능력과 성향에 따라 프로그램의 속도를 따라가지 못할 수도 있지만, 지속적인 노력을 통해 이를 극복해야만 합니다.

계속해서 강조하지만, 무엇보다 중요한 점은 지난 단계의 훈련들이 충실히 이행된 상태에서 이번 과정이 진행되어야 한다는 것입니다. 문장에 적용할 수 있는 기본적인 능력들이 개발되지 않은 상태의 훈련은 아무런 의미가 없습니다.

1 | 프로그램 훈련 (파일명 : ye10.swf)

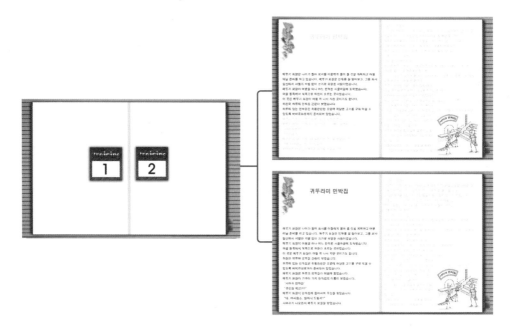

프로그램은 한 페이지를 문장과 활자구성에 따라 2~3번의 구역으로 나눠서 인지하는 형태와, 한 번의 안구흐름을 통해 한 페이지 전체를 인지하는 형태의 두 가지 방법으로 제작되었습니다. 'training 1'의 훈련을 마치고 어느 정도 성취가 느껴지기 시작하면, 'training 2'의 훈련을 통해 한 페이지 전체를 인지·판독하는 능력을 키우기 바랍니다.

2 | 실전 10줄 문장적응 훈련

프로그램에서 성취한 능력을 실전 문장에 적용시켜 적응하는 훈련입니다. 프로그램과 지문의 내용은 같지만 활자나 문장을 인지하는 방법은 다를 수 있고, 개인적 능력에 따라 활자를 인지해가는 속도도 다를 수 있습니다. 안구이동속도는 자신의 능력에 맞게 설정하여 훈련합니다.

활자인지 예

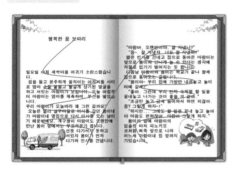

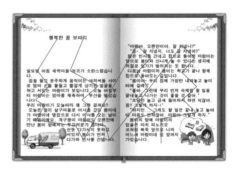

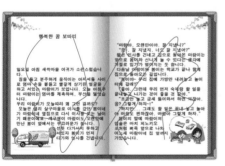

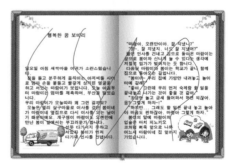

실전 10줄 문장적응 훈련

POINT :: 책을 바르게 잡고, 색이 다른 형태로 표시되어 있는 글자를 초점시야와 간접시야를 활용해 인지하도록 합니다.
1일 2회씩 훈련하고 시간을 기록하도록 합니다.

귀뚜라미 민박집

(글 : 박인수 | 글자수 : 2,433자)

메뚜기 회장은 나이가 들어 회사를 아들에게 물려 줄 것을 계획하고 여행

떠날 준비를 하고 있습니다. 메뚜기 회장은 인재를 잘 알아보고, 그를 회사

일선에서 서열의 차별 없이 쓰기로 유명한 사람이었습니다.

메뚜기 회장이 여행을 떠나 어느 한적한 시골마을에 도착했습니다.

마을 동쪽에서 북쪽으로 하천이 흐르는 곳이었습니다.

이곳은 메뚜기 회장이 어릴 적 나서 자란 곳이기도 합니다.

하천의 하류에 민박집 간판이 보였습니다.

하류에 있는 민박집은 휘황찬란한 조명에 마당엔 고기를 구워 먹을 수

있도록 바비큐화로까지 준비되어 있었습니다.

메뚜기 회장은 하류의 민박집이 마음에 들었습니다.

메뚜기 회장이 가까이 가자 민박집의 이름이 보였습니다.

'사마귀 민박집'

"주인장 계신가?"

메뚜기 회장이 민박집에 들어서며 주인을 찾았습니다.

"네. 어서옵쇼. 방하나 드릴까?"

사마귀가 나오면서 메뚜기 회장을 맞았습니다.

"방하나 있는가?"

"당연히 있다마다요. 하하하. 근데 방이 두 개 남았는데 한 군데는 좀
응달진 곳이라 나이 든 양반이 쉬시기에는 좀 불편할 텐데..."

음흉한 미소를 띠는 사마귀의 얼굴은 뭔가 생각이 있는 듯 했습니다.

"좋은 방이 있는데 거기는 좀 비싸고. 어떻게 하실 건가?"

메뚜기 회장은 사마귀의 태도가 썩 마음에 들지 않았습니다.

"좋은 방으로 주게"

"자! 방 키 여기 있수."

계산을 치르자 사마귀는 열쇠만 건네준 채 안방으로 들어가 버리려다

고개를 메뚜기 회장에게로 돌리며

"어디 나갈 땐 화장실 불이랑 방에 에어컨이 꺼졌나, 꼭 확인 잘 하슈.
요즘 손님들은 아낄 줄 몰라서."

메뚜기 회장은 기분이 좋지 않았습니다.

그날 저녁 메뚜기 회장이 낚시를 즐기고 돌아왔습니다.

사마귀는 어디 갔는지 보이지 않았습니다.

대신 사마귀 부인이 마당을 청소하고 있었습니다.

"이 동네에 민박집이 여기 하나뿐이오?"

"아뇨. 저 상류에 가면 하나 더 있지요. 근데 거기는 더러워서 잠자면
쥐하고 같이 잔다는 소문이 있습디다.

하루 더 쉬시려면 그냥 여기서 하루 더
쉬는 게 백번 더 나을거유."

메뚜기 회장은 한 마을에 살면서 남을
깎아내리는 사마귀 부부가 마음에 들지
않았습니다.

그들의 태도는 처음 이 곳에 올 때부터
이 마을의 이미지에 먹칠을 하는 것 같았습니다.

한 시도 이 민박집에 있기 싫어 메뚜기 회장은 떠나고 싶었습니다.

하지만 그날 새벽 비가 거세게 내렸습니다.

하천이 범람해 민박집에까지 물이 넘쳐 들었습니다.

"거 손님들. 비가 너무 많이 내려서 이곳까지 잠기려 하니까 어서 짐들 챙기시오."

메뚜기 회장이 놀라 소리를 쳤습니다. 손님들은 허둥지둥 나오기 시작했습니다.

"이럴 때 주인장은 뭐하고 있는 거야? 이렇게 될 때까지 모르고 있었던 거야?"

"평생 이 곳에서 살았으면서 이정도로 비가 오면 손님들 대피시켜야 하는 것도 모르는 거야?"

여기저기서 볼멘소리가 들려 왔습니다.

사마귀 부부는 이미 자신들의 짐을 차에 싣고 있었습니다.

메뚜기 회장은 어이가 없었습니다.

메뚜기 회장도 짐을 들고 사마귀 민박집에서 나왔습니다.

이 새벽에 갈 곳도 없으니 상류에 있는 민박집으로 가야만 했습니다.

다른 사람들도 모두 상류의 민박집으로 짐을 들고 이동하기 시작했습니다.

상류에도 비가 많이 내려 하천이 넘치려 하고 있었습니다.

그런데 이 새벽에 누군가가 하천의 물길을 바꾸기 위해 노력하고 있었습니다.

자세히 보니 상류 민박집의 주인인 귀뚜라미였습니다.

다행히 귀뚜라미의 노력으로 상류의 허름한 민박집은 물이 들지 않았습니다.

"어유. 이렇게 비가 많이 오는데."

귀뚜라미의 부인이 나와서 손님들을 맞이합니다.

귀뚜라미의 자식들까지 나와 손님들의 짐을 나릅니다.

"그런데 어쩌나 방이 부족한데. 오늘은 안방에서라도 쉬세요. 이렇게 비도 오는데 이 새벽에 고생 많았습니다. 오늘 숙박비는 안 받을 테니 안방에서 몸도 녹이고 쉬세요."

메뚜기 회장은 사마귀와 전혀 다른 태도에 놀라지 않을 수 없었습니다.

다음 날 아침 하늘은 언제 비가 내렸냐는 듯 유난히 파란빛을 뽐내고 있었습니다.

"잘들 주무셨습니까? 어제 많이 불편하셨을 텐데, 아침 드세요."

상다리가 휠 듯이 차려진 아침상에는 김이 모락모락 나는 찌개가 올려져 있었습니다.

"어제 비를 맞아서 모두 감기 걸리실까봐 얼큰하고 따뜻한 찌개를 준비했습니다. 아침 드시고 감기 기운이 있으신 분들은 약도 챙겨 드세요."

귀뚜라미 부인은 약봉지를 방 한 편에 놓았습니다.

귀뚜라미는 밤새 물이 민박집에 넘어 들어올까 한 숨도 못잔 눈치였습니다.

메뚜기 회장은 귀뚜라미 민박집의 모습에 무척 감동했습니다.

메뚜기 회장은 귀뚜라미 민박집이 마음에 들어 며칠 더 묵기로 했습니다.

아침마다 손님들에게 '잘 주무셨냐. 불편한 곳은 없었냐. 드시고 싶으신 것이 없느냐?' 하며 인사를 나누고, 손님들의 안색만 봐도 어디가 어떻게 안 좋은지를 알아차리고 거기에 맞는 대처를 하는 모습에 연일 놀랄 수밖에 없었습니다.

메뚜기 회장은 여행을 마치고 자신의 집으로 돌아갔습니다.

"애야, 이리 오너라."

메뚜기 회장은 아들을 불렀습니다.

며칠 후 귀뚜라미 민박집에 한 사람이 찾아왔습니다.

"잠깐 저희와 함께 가시죠."

귀뚜라미 부부가 함께 간 곳에 메뚜기 회장이 있었습니다.

"저희가 이번에 호텔을 하나 지었는데 그 곳의 담당자가 되어 주십사 하고 모셨습니다."

"어째서 저희들에게..."

귀뚜라미 부부는 놀랐습니다.

"제가 그 민박집에서 여러 날 묵었었던 건 기억하시죠?"

"네. 그렇습니다만."

"저는 당신이 부단히 손님들에게 신경 쓰고 있다는 것을 알았습니다. 그것은 그곳에 있는 손님들과 저를 감동시켰습니다. 그런데 그런 호의는 쉽게 나오는 것이 아니죠. 자칫하면 오히려 상대방에 부담감이라든지 거부감을 가져오기도 하거든요. 하지만 당신의 그 모습은 마치 빗물이 땅속으로 스며들어 지하수가 되듯이 저의 마음에 스며들어 쉽게 그곳을 못 떠나도록 하더군요. 당신의 호의는 저에게서 다시는 그 민박집을 잊지 못하게 하였습니다."

"저는 그냥 평소에 하는 대로 했을 뿐입니다."

귀뚜라미는 겸손하게 말했습니다.

"그런 모습이 당신이라는 사람이지요. 따뜻한 마음에 겸손함. 당신의 그런 모습이 당신을 잊지 못하게 합니다. 저희 호텔에서 그런 모습 계속 보여주시길 바랍니다. 그렇게 해주신다면 정말 고맙겠습니다. 화려한 조명, 시설보다는 당신의 그러한 모습이 손님들을 저희 호텔로 이끌고 따뜻한 호텔로 기억되게 할 것입니다."

귀뚜라미는 메뚜기 회장의 호텔 담당자가 되었고, 그 호텔은 '귀뚜라미가 있는 호텔'로 사람들에게 전해졌습니다.

인지 시간	1회	분	초	2회	분	초	3회	분	초
		분	초		분	초		분	초

6 | 실전 독서훈련

음절단위로 독서를 진행하던 여러분이 단어에서 문장으로, 문장에서 단락으로, 반 페이지에서 한 페이지를 읽을 수 있는 능력적인 발전을 이루게 되었습니다. 이 교재의 목표와 같이 모든 능력이 완성되지 못한 분들도 있을 수 있지만, 그래도 기존에 진행하던 독서방법보다는 시간과 효율면에서 훨씬 발전되고 있음을 느낄 것입니다.

속독능력은 '자전거 타기'와 같습니다. 자전거를 처음에 배울 때에는 시간도 필요하고 약간의 고통도 따르게 됩니다. 하지만 자전거 타는 방법을 터득한 사람은 오랫동안 타지 않았더라도 약간의 훈련만 하면 다시 예전처럼 멋지게 탈 수 있습니다. 마찬가지로 한 번 개발된 속독능력은 평생 효과적인 독서능력을 발휘하게 될 것이며, 그로 인해 지식경쟁 사회에서 다른 이보다 한발 더 앞설 수 있게 될 것입니다.

이번 과정에서는 매일 한 권씩의 독서가 진행됩니다. 꼭 반 페이지나 한 페이지만을 인지·판독한다는 생각보다는 지금까지 훈련했던 모든 방법을 독서에 적용하는 방법으로 진행되어야 합니다.

훈련방법

1. 주변 환경을 정리한 상태에서 훈련을 진행하도록 합니다.
2. 깊은 심호흡과 명상을 통해 집중된 상태에서 진행하도록 합니다.
3. 시간을 측정할 수 있는 도구를 준비합니다.
4. 얼마의 시간동안 책 한 권을 읽어야 한다는 예상 목표시간을 정하도록 합니다.
5. 독서 후 실전 독서 기록표에 도서내용을 자세히 기록하도록 합니다.

실전 독서훈련

:: 주변 환경을 정리하고 집중된 상태에서 지금까지 훈련했던 내용을 바탕으로 빠르게 진행하도록 합니다.

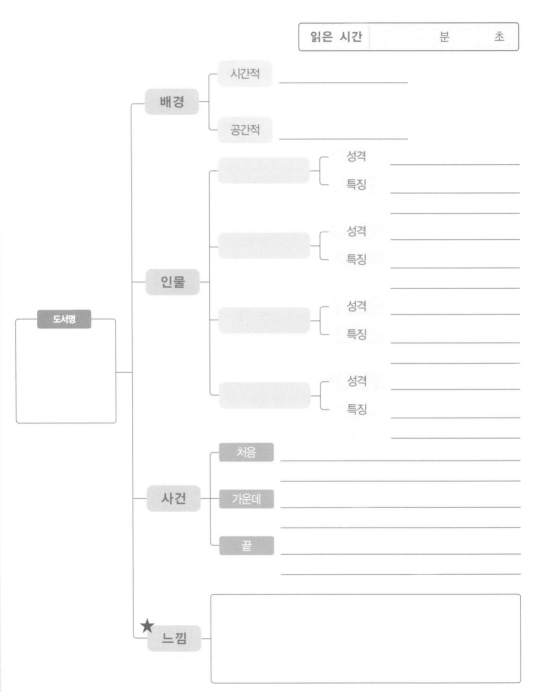

읽은 시간 [ ] 분 [ ] 초

도서명

배경
- 시간적
- 공간적

인물
- 성격 / 특징
- 성격 / 특징
- 성격 / 특징
- 성격 / 특징

사건
- 처음
- 가운데
- 끝

★ 느낌

7 | Final 테스트

커리큘럼의 일정대로 훈련이 진행되었다면, 24일이 지난 시점에 여러분은 마지막 테스트를 앞두고 있을 것입니다. 다시 한 번 거듭 이야기하지만, 교재와 프로그램에서 제시한 일정은 최상의 상태에서 얻어진 훈련일정입니다. 그렇기 때문에 꼭 일정에 맞춰서 훈련을 진행해야 한다는 생각보다는 자신의 능력과 시간에 맞게 일정을 변경해도 상관없습니다. 속독이라는 능력은 평생 사용하고 활용해야 하는 능력이기 때문에, 빨리 완성하는 것보다도 정확하게 자신의 능력으로 완성하는 것이 중요합니다.

지금까지 본 교재와 'READING PLUS' 프로그램을 믿고 최선을 다해 주신 여러분께 감사의 말씀을 올리며, 여러분의 성공에 속독능력이 큰 보탬이 되길 바랍니다.

1 | 독서시간

주변 환경을 정리한 후 깊은 심호흡을 하도록 합니다. 한 권의 책을 평소에 자신의 독서능력으로 전부 읽도록 합니다. 한 번 읽기 시작하면 멈추지 말고 끝까지 읽도록 합니다.

1
| 총 페이지 | 페이지 |

2
| 독서시간 | 분 초 |

3
| 1페이지당 줄 수 | 줄 |

| 한 줄 독서시간 | 초 |

전문자료 · 도서읽기

전문자료와 도서는 그 분야에 대한 꾸준한 관심과 배경지식, 그리고 전문적인 어휘에 익숙한 사람은 빨리 읽을 수 있지만, 그 분야에 처음 접하게 되는 사람은 익숙하지 않은 어휘 때문에 많은 어려움을 느끼게 됩니다. 전문자료와 도서를 읽을 때 가장 중요한 사항은 전문적인 용어와 어휘를 정확하게 이해하고 있어야 한다는 것입니다. 용어와 어휘를 이해하지 못하거나 잘못 이해하고 있을 경우 저자의 정보, 지식, 경험 등이 여러분에게 잘못 전달될 수도 있습니다.

독서 중 자신이 이해하지 못하는 용어와 어휘가 등장했을 때는 사전, 참고자료, 인터넷 검색 등을 활용하여 용어와 어휘를 완전히 이해한 후 독서가 진행되어야 저자가 전하고자하는 정보와 지식을 정확하게 여러분의 것으로 만들 수 있습니다.

또 하나 중요한 사항은 '접속어'를 유심히 살펴야 한다는 것입니다. '접속어' 뒤에는 저자가 원하는 정보와 지식들의 핵심, 결론, 중요단어 등이 놓이게 됩니다. 이러한 '접속어'를 주의 깊게 살펴야만 보다 효과적이고 능률적인 독서를 진행할 수 있게 됩니다.

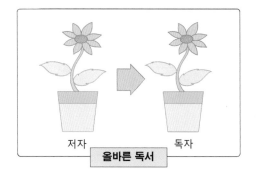

저자 → 독자

올바른 독서

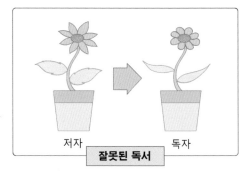

저자 → 독자

잘못된 독서

접속어 종류

1 순접관계 : 앞·뒤 문장이 자연스럽게 이어지는 관계
▶ 그리고, 그러므로, 그러니, 이와 같이, 그래서, 그리하여

2 역접관계 : 앞·위 문장이 서로 상반되거나 부정하는 내용을 이어주는 관계
▶ 그러나, 하지만, 그래도, 반면

3 대등관계 : 앞·뒤 내용이 대등하게 이어지는 관계
▶ 그리고, 및, 한편, 또는

4 인과관계 : 앞 내용이 원인이 되고, 뒤의 내용이 결과가 되어주는 관계
▶ 그러므로, 따라서, 그래서, 왜냐하면, 그러니까, 그런즉

5 첨가관계 : 뒤에 오는 내용이 앞 내용을 강조하거나 보충해주는 관계
▶ 그리고, 더구나, 뿐만 아니라, 또, 또한, 덧붙여, 아울러, 더욱이, 뿐더러

6 전환관계 : 앞의 내용과 달리 화제가 바뀌어서 연결되는 관계
▶ 그런데, 한편, 그러면, 아무튼

7 예시관계 : 앞의 내용을 자세하게 설명하기 위하여 뒤의 내용에 예를 드는 관계
▶ 이를테면, 예를 들어, 예컨대, 가령

8 환언요약관계 : 앞의 내용을 바꾸어 말하거나, 간추려 짧게 요약할 때, 결론을 도출할 때의 관계
▶ 결국, 바꾸어 다시 말하면, 즉, 요컨대, 따라서

전문자료· 도서를 읽는 것은 자신의 필요에 의한, 정보를 내 것으로 만들기 위한 독서이기 때문에, 목적성이 높은 능동적인 독서가 진행될 것입니다.

전문자료를 읽기 위해서는 먼저 자료의 제목, 출처, 글쓴이를 자세히 살펴보도록 합니다. 전문도서에서도 제목, 지은이(전문성), 띠지, 서문, 차례(시간이 있다면 차례의 내용 중 가장 핵심이 된다고 생각하는 본문을 읽어봅니다)를 읽어본 후 자신이 원하는 정보인지 판단합니다.

다음으로는 자료와 도서 전체를 대략적으로 살펴보는 미리보기를 진행합니다. 미리보기 과정에서 도표와 사진, 접속어(자신만의 기호로 표시), 서론과 결론 부분을 살펴 글의 전체적인 흐름을 파악합니다.

미리보기 후 본격적인 독서가 진행됩니다. 본격적인 독서 과정 중에는 자신이 중요하다고 생각되는 문장이나 단어에 밑줄을 그어가면서 보도록 하세요. 밑줄을 긋는 이유는 이해 내용과 기억해야 할 내용을 구분하여 반복학습의 효율을 높이기 위함입니다. 그리고 독서 중 자신이 이해할 수 없는 어휘나 용어가 등장하면 사전, 참고자료, 인터넷 등을 활용하여 반드시 이해한 후 독서가 진행되어야 합니다.

또 대부분 주제가 작성되는 단락의 첫 문장과 마지막 문장, 글쓴이가 생각하는 중요내용, 전체적인 요약, 결론 등이 작성되는 접속어 뒷 문장을 주의 깊게 읽어야 합니다.

본격적인 독서가 진행된 후, 밑줄 친 단어나 문장을 다시 한 번 읽도록 하며 밑줄 친 내용 중 더 중요하다고 생각되는 내용에 '원' 표시나 '별' 표시를 하도록 합니다.

마지막으로 전문적인 지식과 정보를 완전히 여러분의 것으로 만들기 위해서는 학습이 진행되어야 합니다. 현재는 여러분의 지식과 정보가 되어 있지만 우리의 두뇌는 그와 같은 정보를 오랫동안 저장하지 못합니다. '공부는 머리가 똑똑한 사람보다 여러 번 학습한 사람이 성적이 좋다' 는 말이 있듯이, 언제든지 반복해서 확인하고 회상할 수 있는 근거를 만들어 주어야 합니다. 전문자료나 전문도서를 읽고 자신이 알고 있던 내용과 새롭게 알게 된 내용을 정리해 봅시다.

자신이 알고 있던 내용	새롭게 알게 된 내용